AF403450

G

29896

RÉSUMÉ

CHRONOLOGIQUE, HISTORIQUE ET BIOGRAPHIQUE

DE

L'HISTOIRE UNIVERSELLE,

DU DÉLUGE A CE JOUR,

COMPRENANT

Les événements mémorables de l'histoire du monde, l'histoire particulière de chaque puissance actuelle, les célébrités principales de tous les genres, de tous les temps et de tous les lieux (un certain nombre de faits et de biographies sont inédits);

DÉDIÉ

A M. J.-B. DE VASSAL, MARQUIS DE MONTVIEL,

Ancien député (Lot-et-Garonne);

PAR

AMÉDÉE DE VASSAL, BARON DE MONTVIEL,

Auteur de divers ouvrages et d'invention brevetée (Ordonnance royale du 12 avril 1843.)

SE TROUVE:

CHEZ MM. GUÉRIN, lib., à Loches;
BORDESOLLE, imprimeur, à Loches.
LECESNE, à Tours.

CHEZ MM. VARIGAULT, libraire, à Châtellerault;
DELETANG, libraire, à Poitiers.

1845

RÉSUMÉ

CHRONOLOGIQUE, HISTORIQUE ET BIOGRAPHIQUE DE L'HISTOIRE UNIVERSELLE.

—

PAR AMÉDÉE DE VASSAL.

L'auteur ayant rempli les formalités voulues par la loi, poursuivra tout contrefacteur ou débitant de contrefaçons du tout ou partie du présent ouvrage.

Seront réputés contrefaits tous exemplaires non revêtus ci-dessous de la griffe de l'auteur.

AVIS.

DU MÊME. — SOUS PRESSE.

Un ouvrage sur la comptabilité générale et particulière à la portée de toutes les intelligences, de tous les âges, de tous les sexes, de toutes les professions financières, industrielles, commerciales, agricoles.

L'auteur, apte en la partie comme ancien directeur comptable, propriétaire d'usines, a trouvé enfin un nouveau système qui permet à tous, sans nulle étude préalable et sans maître :

De tenir, — à l'aide d'un seul livre, écriture de toutes ses opérations ;

De voir, — perpétuellement et sans aucun travail spécial, sa position nette *ou* BILAN, dans son ensemble comme dans ses détails ;

De lire — constamment l'inventaire de sa fortune sans jamais inventorier nulle chose ;

De n'être, — en quelle circonstance que ce soit, obligé d'arrêter les écritures ;

D'avoir — son travail intellectuel et manuel diminué des 9|12.

D'être — à l'abri de toute erreur par un contrôle perpétuel qui s'établit de lui-même au fur et à mesure qu'on passe écritures de diverses opérations.

PRIX DE L'OUVRAGE :
Envoyé franco par la poste, 2 francs.

RÉSUMÉ

CHRONOLOGIQUE, HISTORIQUE ET BIOGRAPHIQUE

DE

L'HISTOIRE UNIVERSELLE,

DU DÉLUGE A CE JOUR,

DÉDIÉ

A M. J.-B. DE VASSAL, MARQUIS DE MONTVIEL,

Maire et Député, sous la restauration, de Villeneuve d'Agen.

PAR SON NEVEU,

AMÉDÉE DE VASSAL, BARON DE MONTVIEL,

Auteur de divers ouvrages et d'invention brevetée. (Ordonnance royale
du 12 avril 1843.)

Faites.... ce que vous voudriez qu'il fût fait...
DIEU.

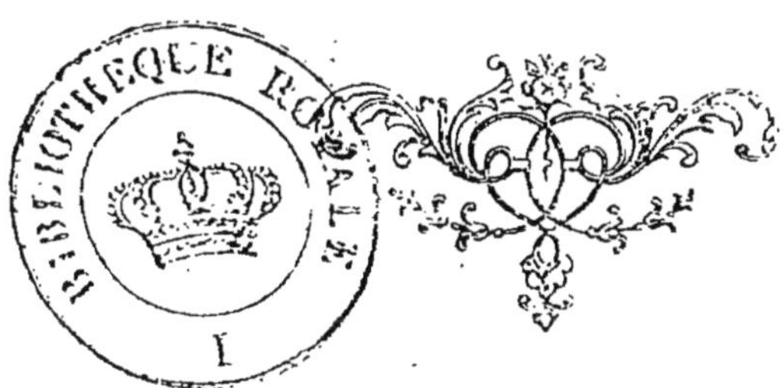

TOURS

IMPRIMERIE DE LECESNE, RUE ROYALE, 58.

M. DCCCXLV.

RÉSUMÉ

CHRONOLOGIQUE, HISTORIQUE ET DOGMATIQUE

L'INQUISITION CASTILLANE

PAR

J. M. J. DE L... MARQUIS DE MONTRON

MEMBRE DE L'INSTITUT, BARON DE MONTROL

PRÉCÉDÉ D'UNE INTRODUCTION

TOURS

IMPRIMERIE DE LECESNE, RUE ROYALE, 22.

UN MOT SUR L'ŒUVRE.

Cette nouvelle publication renferme le résumé de toutes les connaissances chronologiques, historiques et biographiques des hommes et des choses contenues dans plusieurs milliers de volumes. Elle est le fruit des lectures faites sur les meilleurs auteurs anciens et modernes; elle est le travail d'une compilation sérieuse et constante.

Dépouillée de tout ce qui est secondaire, dont les effets ne peuvent influer sur l'avenir, de tout ce qui n'est pas axiométiquement prouvé, de tous commentaires, elle laisse dans son vrai jour chaque fait ainsi réduit à sa plus simple expression.

C'est ainsi qu'en un instant on apprendra cinquante-deux siècles de *l'Histoire de l'Univers*.

Naissance, accroissement et décadence des peuples, révolutions, guerres étrangères et intestines, religions, ordres chevaleresques et religieux, famines, pestes, invasions, pays découverts ou conquis;

Histoire de chaque puissance actuelle du globe traitée séparément avec la nomenclature des gouvernants, de leur origine à ce jour;

Personnages de tous les temps et de tous les lieux, que les vertus, les talents ou les crimes ont conduits à la célébrité ; les uns, pour nous exciter à marcher sur leurs traces; les autres, pour que notre juste indignation contre eux nous préserve des vices qui les ont flétris;

Tout cela y est dit et expliqué d'une manière claire et succincte.

Ces quelques pages, esquisses rapides et complètes de *l'Histoire du Monde*, œuvre philantropique, qui livre au public le secret de l'avenir par l'exemple du passé, où l'on voit naître, fleurir et retomber dans le chaos tant de peuples et de choses, image frappante du peu de stabilité de tout, ici-bas, sont un travail, fruit de mes veilles, que je laisse à tout homme impartial le soin de juger.

DIVISION DE L'OUVRAGE EN TROIS PARTIES.

—

SAVOIR:

Première Partie.

Événements mémorables de l'histoire du monde.

—

Deuxième Partie.

Histoire particulière de chaque puissance actuelle.

—

Troisième Partie.

Célébrités principales de tous les genres, de tous les temps et de tous les lieux.

Du Déluge à ce jour.

[illegible]

[illegible]

[illegible]

[illegible]

[illegible]

[illegible]

PREMIÈRE PARTIE.

ÉVÉNEMENTS MÉMORABLES DE L'HISTOIRE DU MONDE.

Déluge Universel.

Arrivé l'an 1655 de l'âge du monde, 3308 avant la naissance de Jésus-Christ, suivant la Genèse, premier livre de la Bible, écrit par Moïse, comprenant jusqu'à lui l'histoire universelle des temps passés à partir de la création inclusivement.

La tradition de ce grand événement se trouve partout, chaque jour nous en fournit de nouvelles preuves parmi les nombreuses fouilles qui, si j'ose le dire, perforent la terre.

A cette grande catastrophe un seul homme et sa famille survit comme pour rendre témoignage de la puissance terrible d'un Dieu jaloux et clément. Cet homme vertueux qui seul échappe à la corruption universelle de son temps et qui par là, échappe aussi seul au chatiment, est Noé ;

sa famille est : sa femme, ses trois fils, Sem, Cham, Japhet et ses trois brus. Enfin deux couples de chaque espèce d'animaux sont aussi renfermés dans l'arche, espèce de bateau fermé, construit pour préserver de la fureur des flots la semence régénératrice du monde.

Mais si la géologie, la tradition des auteurs et autres preuves physiques et métaphysiques nous donnent d'une manière irrévocable l'existence du déluge universel, il n'en est pas de même pour le temps fixe auquel cet événement a eu lieu. Par ce fait, ceux qui suivent immédiatement subissent la même loi. L'âge du monde est encore moins connu : la généralité des auteurs anciens le font naître 4000 ans avant Jésus-Christ. La Genèse et la plupart des modernes lui donnent à la même époque 4,963 ans d'existence.

Avant Moïse, rien n'est plus incertain que ces dates posées suivant la croyance de chaque auteur, et ce n'est qu'à la fondation de l'ère des Grecs, 776 ans avant Jésus-Christ, « terme où commence seulement (*dit Varron et après lui Bossuet*), l'histoire des temps historiques, » que disparaît définitivement le rideau tantôt opaque, tantôt diaphane de la fable, à travers lequel nous voyons l'histoire des premiers siècles de l'âge du monde.

Malgré ce que je viens de dire, je n'ai pas hésité à mettre à chaque fait des chiffres basés sur l'opinion la plus commune des auteurs modernes, vu qu'avant tout, à toute chose il faut de l'ordre, qu'à tout fait il faut des dates, sans quoi toute science est confuse, est chaos ; et du chaos, il n'appartient qu'à Dieu de faire sortir quelque chose de bien.

2970. — Tour de Babel, élevée par la postérité de Noé, qui, trop nombreuse pour habiter le même pays, va se séparer, mais avant elle veut, dit-elle, élever un monument qui laisse aux siècles futurs une preuve de sa puissance. Tout-à-coup la confusion arrivée dans son langage la force d'abandonner une œuvre si grandement commencée, et ne laisse pour témoignage immortel qu'un premier exemple de la folle présomption des hommes. Là, est d'après Moïse, l'origine de la diversité des langues qui se parlent dès la naissance des divers peuples qui peu à peu couvrent la terre.

2953. — Fondation au centre de l'Asie de l'immense empire de la Chine par les enfants du déluge, fils de Sem, venus des plaines de Sennaar. Ce peuple, le plus grand, le plus ancien et le plus sage de l'univers, voit naître et fleurir, aussitôt sa naissance, la saine philosophie, qui s'inocule, on peut dire, chez tous les Chinois, lesquels, dès lors, sont gouvernés par la morale et non par les lois.

2850. — Fondation du royaume d'Egypte, en Afrique, au Nord-Est, alors que les eaux de la mer couvraient encore une portion du sol.

2680. — Fondation du royaume de Ninive, ville bâtie sur les bords du Tigre par Assur, son premier roi.

2280. — Tyr, capitale de la Phénicie, bâtie sur les bords de la Méditerranée, devient célèbre aussitôt par ses richesses immenses provenant de ses colonies, de son commerce et de son industrie.

2640. — Fondation de l'empire de Babylone par Nemrod, premier roi babylonien ; il est le premier conquérant connu.

2196. — Abraham, savant astronome chaldéen, vient s'établir en la terre de Chanaan, ou Palastine, et y devient le premier chef du peuple hébreu.

2000. — Babylone, capitale de la Chaldée et de la Babylonie, puis du vaste empire d'Assyrie, avec ses

Avant J.-C.

dix-neuf cent quarante kilomètres de tour, ses cent portes de bronze, ses jardins suspendus, est bâtie par Bélus aux bords de l'Euphrate sur les ruines de la tour de Babel.

1994. — Fondation en Grèce du royaume d'Argos par Inachus, premier roi grec connu, et de Sicyone par Egialé.

1993. — Premier empire d'Assyrie, fondé par Bel ou Bélus, qui réunit le royaume de Babylone à celui de Ninive. Cette dernière ville, déjà belle et ancienne, devient la capitale de l'empire en 1968. Ninus, un de ses rois, la rend somptueuse, et sa veuve, la fameuse Sémiramis, gouverne de 1916 à 1876, et recule de beaucoup les bornes de l'empire assyrien.

1880. — Fondation de Sparte, par Sparton ;

Lélen, en 1742, et Lacédémon, en 1577, l'agrandirent ; c'est de ce dernier que lui vient le nom de Lacédémone.

1645. — Passage de la mer rouge par les Hébreux ; la postérité de Jacob, surnommé Israël, fils d'Isaac, petit-fils d'Abraham, est également connue sous le nom d'Israélites. Ils sont conduits par Moïse et poursuivis par l'armée égyptienne ; cette dernière, dit-on, y périt seule et entière. Peu après Moïse, étonnant législateur, grand philosophe, premier historien, chef des Hébreux ou Israélites, donne à son peuple, par ordre de Dieu, le Décalogue ou les dix Commandements qui contiennent nos premiers dogmes de religion et la morale.

1643. — Fondation du royaume d'Athènes par Cécrops, chef d'une colonie Egyptienne. La ville d'Athè-

Avant J.-C.

nes, d'abord composée de 12 bourgs, est réunie sous Thésée en 1230.

1643. — Époque de la plus grande gloire et de la plus grande puissance de l'Egypte, ou règne du fameux Sésostris.

1614. — Fondation du royaume de Troie, dans la partie ouest de l'Asie, par Scamandre, premier roi Troyen.

1605. — Les Hébreux conduits par Josué font sur les Arabes, dont le père est Ismaël, frère d'Isaac, la conquête de leur mère-patrie, la terre de Chanaan, qu'ils avaient abandonnée depuis l'an 2097.

1500. — Diverses colonies phéniciennes, attirées par la fécondité des terres et l'abondance des mines d'or et d'argent, s'établissent en Espagne.

1314. — Prise de Troie par Hercule, roi grec, qui en tue le prince Laomédon, et place sur le trône le jeune Priam, qui plus tard est le père de Pâris.

1270. — Selon Hérodote, RUINE DE TROIE sous Priam, son dernier roi, par les Grecs qui la réduisent en cendres, après un siége de 10 ans sous les ordres d'Agamemnon.

1180. — L'Italie, cette vaste presqu'île, habitée depuis au moins 600 ans par diverses tribus, prend enfin une forme de gouvernement sous Énée, puis Ascagne, ses premier rois dont les noms soient connus.

1005. — Temple de Salomon achevé par Salomon, roi des Israélites, fils et successeur de David. Ce fameux temple, si célèbre, placé sur le mont Moriah dans la banlieue-est de Jérusalem, domine la vallée de Josaphat, laquelle s'étend jusqu'à la montagne des Oliviers, située à l'ouest de Jérusalem ; c'est dans cette vallée qu'est donné, suivant la tradition, rendez-vous au genre humain pour le jour du jugement dernier.

892. — Carthage située dans la partie ouest de l'Afrique, qu'on croit fondée en 1150 avant Jésus-Christ, est augmentée et fortifiée par Didon, sœur de Pygmalion, roi de Tyr.

880. — Rétablissement des jeux olympiques, institués par Hercule en 1453. Ces fêtes, où concouraient tous les athlètes pour se disputer la palme, tous les poètes pour chanter le vainqueur, et pour l'applaudir, tous les peuples de la Grèce, se célébraient tous les quatre ans. L'intervalle d'une fête à l'autre fut nommé Olympiade.

800. — Fondation par Caranus du royaume de Macédoine dont le premier roi connu est Alexandre Ier, en 496.

Commencement des temps historiques.

776. — Premier juillet. Naissance de l'ère des Grecs qui comptent leurs années par Olympiades; alors commence réellement l'histoire de ce peuple, qui prend de la consistance par la fusion qu'opèrent ces fêtes ou jeux olympiques, des diverses castes et peuplades répandues sur tout le sol de la Grèce.

A cette époque est placée, par la plupart des meilleurs auteurs, la transition des temps demi-historiques, demi-fabuleux, aux temps vraiment historiques.

759. — Arbace excite les Mèdes à la révolte contre Sardanapale, roi d'Assyrie, qui, pour se soustraire à leur fureur, se brûle avec ses richesses, ses femmes et ses Eunuques ; de là, la chute du premier empire des Assyriens, qui est aussitôt divisé, et forme trois royaumes, savoir : le royaume de Médie, dont le premier roi est Arbace ; celui de Babylone, qui a pour roi Bélésis, et enfin celui d'Assyrie, dont le premier roi connu est Phul.

Fondation de Rome.

754. — Romulus et Rémus, frères, descendants des rois d'Albe ou latins, par leur mère Rhéa, fondent la célèbre Rome (voir en la seconde partie de cet ouvrage, histoire d'Italie). Romulus en devient le premier roi, et lui donne les premiers principes des lois et de la religion payenne.

747. — Naissance de l'ère de Nabonassar, roi de Babylone ou ère vraie d'Asie.

714 — Crotone, Tarente, etc. sont fondées en Italie sous Numa-Pompilius.

700. — Déjocès, premier roi Mède, (car le règne d'Arbace et le temps qui suivit ne fut qu'une pure anarchie de 60 ans) bâtit la fameuse Ecbatane.

667. — Albe subit le joug romain, sous Tullius-Hostilius, par l'issue du combat des trois champions romains, les Horaces contre les trois Albains, les Curiaces. Ces derniers sont vaincus, et décident par là, suivant convention préalable, du sort des deux villes

rivales. En ce temps, Rome comptait déjà 80,000 habitants.

624. — Destruction de Ninive par les Babyloniens et les Mèdes.

606. — Captivité de Babylone et ruine de Jérusalem par Nabuchodonosor.

538. — Cyrus, fils de Cambyse, roi de Perse, sujet des Mèdes, anéantit la célèbre monarchie chaldéenne ou babylonienne, et fonde avec les siens, presque inconnus jusque là, avec les Mèdes et l'Assyrie conquise, le fameux empire des Perses; il fait prisonnier Crésus, roi de Lydie, dont l'immense richesse est passée en proverbe.

509. — Rome de royaume devient république par le fait de Sextus, fils de Tarquin le superbe; Lucrèce se poignardant pour ne pas survivre à son deshonneur, et Junius Brutus par ses harangues, font éclater l'orage qui grondait depuis longtemps sur la monarchie romaine.

490. — Bataille de Marathon, gagnée sur les Perses par Milthiade, général Athénien.

480. — Passage des Thermopyles, où 300 Spartiates, commandés par Léonidas, leur roi, tuent 20,000 Perses et périssent eux-mêmes victimes d'un si beau trait.

479. — Religion chinoise fondée sur la croyance en un seul Dieu et sur les écrits moraux du célèbre Confucius, empereur chinois et philosophe profond, qui meurt cette année-là.

447. — Les Fabius, famille patricienne de Rome, comptant 306 guerriers de son nom, soutiennent, à eux seuls, la guerre contre les Véiens et y périssent.

Avant J.-C.

400. — Fameuse retraite des 10,000 Grecs, commandés par Xénophon, grand capitaine, philosophe, historien.

399. — Prise de Rome par les Gaulois; épouvantail des Romains, le capitole seul, attaqué de nuit, est sauvé par l'alarme que donnent les oies sacrées de Junon; Manlius en précipite les assaillants par-dessus les remparts, et Camille combat dans Rome l'armée Gauloise, qui se retire chargée des dépouilles romaines.

Vers ce temps les Rhodiens, les Samiens, les Phocéens et autres peuples grecs, s'établissent successivement en Espagne; puis les Carthaginois y dominent jusqu'à la première guerre punique.

340. — Commencement de la puissance des rois de Macédoine sous Philippe, père et prédécesseur du grand Alexandre. Ce dernier, à la tête de 34,500 Grecs et Macédoniens prend Babylone, anéantit l'empire Persan, sous l e roi Darius, qui lui oppose 650,000 combattants; il soumet la Judée, la Syrie, la Phénicie, l'Egypte, pousse ses conquêtes jusqu'aux Indes, et fonde l'empire Macédonien qui vécut 6 ans.

327. — Alexandre fait le roi Indien, Porus, prisonnier; fait construire la ville d'Alexandrie en Egypte, rase Tyr, Gaza, etc. A Thèbes en 334, il avait épargné une seule maison, celle du poète Pindare.

524. — A la mort d'Alexandre, son empire se divise et se subdive en lambeaux dont chacun forme un état: la Syrie, l'Egypte, l'Arménie, le Pont, la Cappadoce, la Bythinie, la Bactrianne et la Panthiène.

264. — La première guerre punique, qui dure 28 ans,

Avant J.-C.

force les Carthaginois d'abandonner l'Espagne pour aller au secours de leur mère-patrie attaquée par les Romains.

250. — Célèbre version des Septantes, ou traduction en grec des livres saints à Alexandrie (Egypte), par 72 savants juifs.

240. — Les Carthaginois, à peine remis des pertes énormes de la première guerre punique, rentrent à Cadix, soumettent la Bétique, l'Estramadure et le Portugal sous la conduite d'Amilcar.

230. — La Sardaigne et la Corse sont réduites en provinces romaines.

223. — L'Espagne, par la douceur, l'affabilité et la valeur d'Asdrubal, passe sous la domination Carthaginoise. La nouvelle Carthage, nommée de nos jours Carthagène, y est fondée par lui.

219. — Le siége de Sagonte, en Espagne, devient le signal de la deuxième guerre punique, laquelle dure 18 ans, et aboutit à l'entière expulsion des Carthaginois du sol Espagnol, qui ne fait que changer de maître en 201.

212. — Prise de Syracuse en Sicile (fondée en 735) par les Romains, malgré le talent d'Archimède.

146. — Troisième guerre punique qui dure trois ans, et destruction de Carthage par Scipion, général romain.

146. — Réduction de la Grèce en province romaine sous le nom d'Achaïe.

146. — L'Afrique est également réduite en province romaine.

Avant J.-C.

133. — Numance, en Espagne, ville de héros, est détruite par les Romains.

129. — Réduction du royaume de Pergame en province romaine, sous le prétexte que le roi de Pergame, Attale III, mort en 133, avait légué tous ses biens au peuple romain; ce spécieux moyen de convoitise sert désormais à la politique de Rome pour s'emparer, en temps opportun, de l'Egypte, de la Thrace, de la Bythinie, de la Cappadoce.....

109. — Réduction de la Gaule Narbonnaise en province romaine.

64. — Sont également réduits en provinces romaines, le royaume de Syrie et le royaume de Pont.

50. — Conquête de la Gaule, par Jules César; elle passe, après une lutte de 80 ans, sous l'obéissance paisible de la république romaine.

45. — 17 mars. Jules-César est massacré en plein sénat, à l'âge de 54, ans par Brutus et Cassius. Aussitôt trois tyrans romains s'emparent du pouvoir, ce sont Marc-Antoine, Lépide et César-Octave; ce dernier, neveu de Jules-César, subjugue les indomptables Cantabres, Asturiens et Galliciens, et soumet enfin toute l'Espagne.

29. — Octave-César fait de l'Egypte une province romaine et saisit l'année suivante pour lui seul les rênes du gouvernement. Il devient empereur sous le nom d'Auguste. Sous son règne, Rome en paix avec toutes les nations, l'est enfin avec elle-même.

Les bornes de ce vaste empire sont alors: au nord, le Rhin et le Danube, au midi les déserts brûlants de l'Afrique, les frontières de l'Ethiopie et de l'Arabie ; à l'est, l'Euphrate ; à l'ouest, l'Océan Atlantique.

10. — L'Espagne, victime de mille perfidies romaines, après une lutte sanglante de deux siècles, après les siéges de Sagonte et de Numance, après que le plus pur sang héroïque eut fini de couler, devient pacifique territoire romain.

Naissance de Jésus-Christ

Sous le règne paisible d'Auguste, empereur romain, et sous celui d'Hérode, roi des Juifs, à minuit, dans la nuit du 24 au 25 décembre de l'an 4963 de l'âge du monde, 3308 du déluge (voir pag. 9). L'an 774 de l'ère des Grecs, soit la 1re année de la 195 olympiade. L'an 754 de la fondation de Rome. L'an 747 de l'ère de Nabonassar. —

1re *De l'Ère Chrétienne.* — Bethléem, petite ville de la Judée, à 10 kilomètres sud de Jérusalem, voit naître le Christ, le promis des nations, Enfant-Dieu qui a pour première demeure une étable, pour berceau une crèche. Le 8me jour, il est circoncis et nommé Jésus.

14. — Tibère, gendre et successeur d'Auguste, en montant sur le trône, immole à sa politique les plus illustres victimes.

39. — Jésus se fait baptiser sur les bords du Jourdain par saint Jean-Baptiste, et commence à prêcher sa doctrine.

33. — Jésus-Christ, pontife, prophète et divin légis-

lateur, en un mot, accomplit toutes les prophéties, remplit sa mission de rédempteur, laisse à ses disciples des préceptes impérissables, une doctrine d'autant plus sublime que, combattant toutes les passions des hommes, elle se fait de prosélytes dans l'univers entier, qu'enfin traversant les tourmentes des siècles futurs, elle ne doit ici-bas finir qu'avec le monde.

Comme homme, Jésus-Christ meurt le vendredi 3 avril à 3 heures du soir, âgé de 33 ans 3 mois 9 jours 15 heures.

34. — Tibère ayant appris par Pilate, gouverneur de la Judée, les choses surnaturelles qui s'étaient passées à la mort de Jésus, veut lui faire décerner les honneurs divins, mais le sénat s'y oppose.

45. — 320,000 Goths ravagent la Grèce et y mettent tout à feu et à sang; ce premier fléau est suivi d'une horrible peste de 15 années.

64. — 19 juillet. — Dix des quatorze quartiers de Rome sont livrés aux flammes par ordre secret de Néron, le plus cruel des empereurs romains; il en rejette le crime sur les chrétiens dont il est le premier persécuteur. (66).

72. — Aux fêtes de Pâques. — Jérusalem est réduite en cendres par Titus, fils de Vespasien, empereur romain. De là date la dispersion des juifs sur toute la terre, lesquels n'ont dès-lors ni lieux fixes, ni forme de gouvernement.

79. — Sous Titus, surnommé les délices du genre humain, le terrible Vésuve ensevelit dans ses flancs infernaux les villes d'Herculanum, Pompeï, et est le tombeau de Pline le naturaliste.

De J.-C.

95. — Deuxième persécution des chrétiens, par Domitien, empereur romain.

94. — Trajan, empereur romain, porte ses armes victorieuses jusqu'à la mer des Indes, fait fleurir sa patrie; sous lui (106) est la troisième persécution des chrétiens, lesquels calomniés, sont punis comme rebelles et non à cause de leur religion; c'est donc injuste de lui reprocher la mort de quelques illustres martyrs immolés même à son insu.

138. — Paix générale, grandeur et prospérité de l'empire romain sous Antonin-le-Pieux.

166. — Invasion en Espagne des Sarrasins, peuples arabes du nord de l'Afrique; de cette époque, les Sarasins ou Arabes furent particulièrement connus en Espagne sous le nom de Maures.

166. — Quatrième persécution des chrétiens sous Marc-Aurèle, empereur romain.

193. — Commencement de la puissance des Sarrasins en Arabie.

193. — Décadence de l'empire romain. Les soldats élisent les empereurs.

199· — Cinquième persécution des chrétiens sous Septime-Sévère, empereur romain.

226. — Fondation, par Artaxercès Ier, du second empire des Perses par la ruine du royaume des Parthes, dont il tue Artaban, leur dernier roi en 224.

235. — Sixième persécution des chrétiens sous Maximin, empereur romain.

240. — Première mention dans l'histoire, des Francs, peuplade germaine qui s'établit sur les bords du Weser.

De J.-C.

250. — Septième persécution des chrétiens sous Décius, empereur romain.

258. — Huitième persécution des chrétiens sous Valérien, empereur romain.

273. — Le royaume de Palmyre, en Asie, rentre sous la domination romaine, par les armes d'Aurélien, empereur romain qui vainquit le premier la célèbre Zénobie, reine de Palmyre, veuve d'Odenat.

275. — Neuvième persécution des chrétiens, sous Aurélien, empereur.

303. — Dixième et dernière persécution des chrétiens sous Dioclétien.

312. — Constantin-le-Grand, empereur romain, embrasse la religion du Christ; par l'édit de Milan, il déclare la religion chrétienne religion de l'Etat, et transporte le siége de l'empire romain à Bizance, qui prend alors le nom de Constantinople (330) et comble l'église de bienfaits.

350. — Descentes continuelles en Angleterre des Pictes et des Scots, peuples barbares.

374. — Les Saxons se montrent sur les rives de l'Elbe et du Weser.

390. — Saint-Ambroise, archevêque de Milan, le bras droit de Théodose, empereur romain, fait faire à ce dernier une humiliante pénitence publique pour expier la mort de 7,000 habitants révoltés de Thessalonique qu'il avait sacrifiés à sa colère.

395. — A la mort de Théodose-le-Grand, l'empire Romain est partagé par ses deux fils en empire d'Orient, autrement dit bas-empire ou empire Grec, et en empire

De J.-C.

d'Occident ou empire des Latins. Arcadius a l'Orient, sous l'autorité du ministre Raffin (Gaulois) ; Honorius l'Occident, sous celle du ministre Stilicon, Vandale.

406 et suivantes.—Grande invasion des barbares * — Démembrement de l'empire romain d'Occident.

Vandales, Suèves, Alains, Bourguignons, Hérules, Saxons, Pictes, Calédoniens, Angles, etc., puis, — Goths, divisés en Visigoths et Ostrogoths, Francs, Germains, Allemands, Huns, Lombards, etc., portent ensemble ou séparément, ou successivement la désolation en Europe, et finissent la plupart par s'y établir et par y fonder les monarchies indépendantes de France, d'Angleterre, d'Espagne, d'Italie et plus tard celle de Germanie, mais seulement après avoir pillé, incendié, rasé les villes, après avoir fait un vaste désert des campagnes romaines, bretonnes, gauloises, espagnoles, grecques, etc. ; après les avoir abreuvées du sang de ses défenseurs et des êtres paisibles, car le sexe, la vieillesse et l'enfance ne sont pas épargnés ; ceux que le fer ou le feu ne peuvent atteindre tombent victimes de la famine ou de la peste, qui viennent ainsi achever cette œuvre de destruction. — Il semble que le ciel, en sa fureur, veuille anéantir jusqu'aux noms de nos premiers pères.

Cette catastrophe est universelle, les autres parties du monde alors connues ne sont pas exemptes de ces maux. L'Afrique éprouve la cruauté des Vandales con-

---

* — Cet événement, sans contredit le plus mémorable de l'histoire des peuples, doit servir d'époque transitoire de l'histoire ancienne à l'histoire du moyen-âge, préférablement à l'an 776 avant J.-C. ou à l'an 476 de J.-C. comme la placent divers autres auteurs.

De J.-C.

duits par Genseric; en Asie, la Syrie et la Phénicie sont particulièrement maltraitées.

415. — Établissement des Goths (Visigoths) en Espagne, sous Walia, leur roi, d'après un traité fait avec les Romains. Ils fondirent la monarchie espagnole en 474, après en avoir chassé les Romains, et gardèrent le suprême pouvoir 241 ans, après quoi les Maures, autres spoliateurs, les chassèrent à leur tour.

Vers ce temps, les Goths (Ostrogoths) établissent en Italie un état qui eut pour gouverneur, à la fin de ce siècle, le fameux roi Théodoric-le-Grand, qui étendit son royaume de Reggio jusqu'au Danube.

448. — Fondation en Gaule du royaume de France par Mérovée, et non par Pharamond, être demi-historique, demi-fabuleux, ni par Clodion, qui n'a parmi les Francs que le titre de chef. Il est également dénué de tout fondement, comme le prétendent certains amis du merveilleux, que cette nation descende primitivement de tout autre peuple que des Francs (peuplade germaine) qui s'établit en 240 de Jésus-Christ, sur les bords du Weser.

Après la conquête des Gaules en 508, ils s'y établissent définitivement, et le temps ayant opéré la fusion des vainqueurs et des vaincus, leur a fait une seconde origine franco-gauloise.

451. — Défaite d'Attila, surnommé le fléau de Dieu. Ce chef des Huns, peuple d'origine Tartare, pouvait réunir 700,000 combattants; il fait trembler toute l'Europe, puis est vaincu dans les plaines Cataloniques, aujourd'hui de Châlons-sur-Marne, par les armes réu-

DE J.-C.

nies des Francs, des Goths (Visigoths) et des Romains ,
et va mourir de honte et de faim, relégué dans son
pays.

476. — Chute de l'empire d'Occident, ou fin de l'empire des Latins. — L'édifice sapé par le partage de Théodose, avait toujours penché de plus en plus vers sa ruine, aussi s'écroula-t-il sans aucune commotion politique.

481. — Clovis, roi de France , le premier de la Gaule conquise, en est le vainqueur et le seul maître , par le gain des batailles de Soissons sur les Romains en 486 , de Tolbiac sur les Allemands en 496, à la suite de laquelle il se fait baptiser (jour de Noël) avec 3,000 des siens, et après les défaites des Bourguignons en 500, des Goths (Visigohts) en 507, et après avoir fait tuer, en 508, quatre de ses parents, rois à Cologne , Cambrai, St-Omer et au Mans.

A sa mort, la Gaule, vaste et riche contrée, dont il avait à la pointe de l'épée formé le royaume de France , est divisée entre quatre enfants, Childebert, Clodomir, Clotaire et Thierry. Le 1er eut le royaume de Paris ; le 2me le royaume d'Orléans (Neustrie ou France occidentale) ; le 3me le royaume de Soissons; le 4me le royaume de Metz (Austrasie ou France orientale).

507. — Mort d'Alaric, roi des Goths (Visigoths) tué par Clovis 1er à la bataille de Vouillé, petite ville à 18 kilomètres O.-N.-O. de Poitiers.

511. — Sous Thierry, roi de Metz, la première fois dont il est parlé de la marine française ; l'histoire rapporte qu'elle fit un affreux carnage de la flotte d'Anvers

DE J.-C.

qui était venue aborder les états de ce prince ; ce trait fait voir dès lors aux siècles futurs ce qu'on devait attendre de sa valeur.

529. — Naissance de l'ordre fameux des bénédictins par saint Benoît, approuvé par le pape saint Grégoire en 595 ; travail manuel et intellectuel, pauvreté, chasteté et obéissance, étaient la substance de la règle de ces hommes qui régénérèrent le monde.

548. — Les Turcs, peuplades Tartares, commencent à s'établir à l'ouest de l'Asie.

Fondation du monastère de Ste-Croix à Poitiers, par sainte Radegonde, reine de France, femme de Clotaire Ier.

565. — Mort de Justinien, empereur romain ; il fait et publie des lois, chefs-d'œuvre de sagesse et d'équité, et fait élever l'église Ste-Sophie à Constantinople.

Sous ce règne de 40 ans, le fameux Bélisaire, général romain, vainquit avec Persès, Eunuque, les Vandales, l'Afrique, l'Italie, les Perses et les Ostrogoths.

570. — Mahomet, né à la Mecque, orphelin à 5 ans, sans fortune, quoique d'une famille illustre, se marie avec une riche veuve en 596, se fait passer pour inspiré, compose son alcoran dont les dogmes sont : Existence d'un Dieu sans compagnon, ayant pour ministres Mahomet, Jésus-Christ, Moïse, Abraham ; Immortalité de l'âme, Résurrection, Jugement dernier et ses conséquences : récompenses et châtiments.

Préceptes. — Circoncision, prière cinq fois par jour, aumône, le 10e de son revenu, abstinence des liqueurs fermentées.

DE J.-C.

Mahomet se fait des croyants par la force des armes, et jette ainsi les fondements de l'empire des Califes.

590. — Saint-Grégoire-le-Grand, élu pape, réconcilie toute la chrétienneté.

597. — Mort paisible de l'ambitieuse Frédégonde, souillée de tant de crimes, fille de village, servante, puis femme et veuve de Chilpéric, premier roi de France.

613. — Mort de Brunehaut, reine d'Austrasie, dont l'inimitié avec Frédégonde allume une guerre intestine qui déchire la France pendant un demi-siècle.

Brunehaut, après avoir fait périr dix rois par le fer ou par le poison, expia ses crimes par un affreux supplice, à l'âge de 80 ans, par ordre de Clotaire, qui, lui-même, venait d'en commettre deux, et à l'ambition duquel, dit Saint-Grégoire, pape, cette femme vertueuse fut immolée ; sans doute que le bon pasteur ferma les yeux sur les vices de cette princesse, et ne vit que la protection qu'elle accorda aux missionnaires envoyés par lui pour la conversion de l'Angleterre, où la religion catholique devint la religion de l'état en 597, (royaume de Kent).

622. — 16 juillet, vendredi. — Fuite de Mahomet chassé de la Mecque par les siens, et commencement de l'ère des Mahométans. (Hégyre).

630. — Dagobert 1er, roi de France, fondit l'abbaye de Saint-Denis dont le chevet couvert d'or et d'argent, la ceinture en pierreries du ministre des finances, saint Eloi, (orfèvre), le trône et le siége royal d'or massif, font voir la magnificence de ces temps qui serait in-

DE J.-C.

croyable, si on ne savait les richesses immenses que procuraient alors le commerce du levant et les expéditions en Italie, d'où, quoique battu quelquefois, on revenait toujours chargé de dépouilles.

8 juin 633. — Mort de Mahomet, âgé de 63 ans, empoisonné dans une épaule de mouton à Kaybar, ville qu'il avait soumise ; ses disciples doutèrent longtemps de sa mort, puis enfin convaincus, ils transportèrent son corps à Yatrel qui prend alors le nom de Médine ou ville du Prophète.

650. — L'Italie, malheureuse et abandonnée, gémit sous l'oppression des Lombards.

652. — La Perse, après avoir conquis l'Egypte, Carthage, puis Jérusalem, où 90,000 habitants furent passés au fil de l'épée, se voit tout-à-coup vaincue elle-même par les Sarrasins ou Mahométans qui venaient de soumettre la Syrie, la Palestine, l'île de Chypre en Afrique ; elle perdit ses conquêtes, et disparut du nombre des royaumes ; toutes ces contrées furent réunies à celle de Mahomet en moins de trente ans.

697. — Naissance de la république de Venise ; premier doge élu, Paul Hic Anafeste.

711. — L'Espagne est envahie par les Maures ou Sarrasins d'Afrique, qui passent ainsi du joug des Goths (Visigohts) sous celui des Maures, par la fameuse bataille des bords de la Xerès du 11 novembre 711, gagnée sur les Goths (Visigoths) par Tarich, général des Mahométans.

732. — Célèbre bataille de Tours, gagnée par les Français sous les ordres de Charles, maire du Palais. Il

De J.-C.

y fut surnommé Martel; il tailla en pièces les troupes victorieuses des Sarrasins, commandées par l'émir Abdérame. Des richesses immenses furent laissées aux Français sur le champ de bataille, et plus de 300,000 Arabes restèrent sur la place.

752. — Prise de Ravenne, en Italie, par Pepin-le-Bref, roi de France, sur les Lombards, ou fin de l'exarchat commencé en 563 sous le patrice Longin.

Pepin donne l'exarchat de Ravenne au pontife Etienne III, et jette, par là, les fondements de la puissance temporelle des papes.

IX⁰ Siècle ou Siècle de Charlemagne.

800. — 25 décembre à midi. — Charlemagne, roi de France (en 768) est couronné empereur d'Occident par le pape Léon III, aux aclamations unanimes du clergé et du peuple qui crie : *Vie et victoire au grand et pacifique empereur des Romains !!* Cet honneur auquel, dit-on, il ne s'attendait pas, fut la récompense des soins amiables par lesquels il rendit le trône pontifical à **Léon** X ; ce pape s'était exilé de Rome pour fuir l'attentat médité contre lui par Campulus et Paschalis qui lui imputaient divers crimes dont il se justifie par le serment; ils sont condamnés à mort par la même assemblée de prélats et de grands présidés par Charlemagne. Léon implore pour ses assassins et la peine est commuée en un exil perpétuel.

DE J.-C.

842. — Bataille de Fontenai (près d'Auxerre) entre les trois enfants de Louis Ier, le débonnaire, pour le partage de la succession de ce dernier. 100,000 Français y périssent. — Le fruit de cette bataille est la réconciliation et le partage à l'amiable en 843 , par le traité de Verdun, de l'empire en trois royaume, France , Italie et Germanie, réparties entre Charles, Louis et Lothaire.

L'empire de Charlemagne, autrement dit second empire d'Occident , était borné au nord par la mer Baltique, l'Oder; au midi par la Méditerranée et l'Èbre, à l'est par la Theiss , la Save et le golfe Adriatique , à l'ouest par l'Océan Atlantique.

862. — Les Normands (hommes du nord) habitants de la Cimbrie et de la Scandinavie , aujourd'hui Danemarck , Suède et Norvége, font irruption sur les côtes maritimes nord-est de l'Europe , ils donnent naissauce à la Russie déjà habitée par les Sarmates, dont Rurick, leur chef, fut le premier grand prince.

874. — Ils subjuguent l'Irlande, prennent et reprennent l'Angleterre, saccagent les côtes de France , pillent Rouen, assiégent maintes fois Paris, borné alors par la Seine; ses seules communications avec la campagne étaient le petit pont et le pont au Change, et ses seules forteresses le grand et le petit Châtelet.

875. — Harold-Harfager fonde la monarchie Norvégienne.

886. — Charles-le-Gros, pour faire le siége de Paris aux Normands, les charge d'or; Charles-le-Simple leur donne la Neustrie , ils font de Rouen leur capitale, embrassent la religion chrétienne ; Rollon, leur chef,

De J.-C.

les ayant ainsi policés, ils ne songèrent plus à ravager la France.

894. — Naissance de la Hongrie, érigée en royaume en 995 par le pape Sylvestre II, dont le premier roi est le prince Étienne, fils de Geisac; sous son règne les Hongrois, à son exemple, se font chrétiens; ils descendaient des Sarmates, connus dès la naissance de l'ère chrétienne, ainsi que les Polonais, dont Piast, leur chef, fut élu 1er duc de Pologne en 840.

Xe Siècle ou Siècle de Fer.

911. — Le royaume de Germanie ou d'Allemagne, fondé par les Saxons, conquis par Charlemagne sur le fameux Witikin, leur roi, perd le dernier des Carlovingiens et devient royaume électif; le premier roi élu est Conrad, duc de Franconie.

939. — Le premier roi Danois bien connu est Harold II. Le roi norvingien de cette époque est aussi Harold II, ce qui ferait supposer que c'est le même roi qui gouverne ces deux pays, qui ont la même origine.

955. — Octavius élu pape, à 18 ans, est le premier qui ait changé son nom; il est connu sous celui de Jean XII.

A son exemple, presque tous ses successeurs ont quitté leur nom de famille en montant sur le trône pontifical pour celui d'un saint.

A leur imitation, les religieux et religieuses de tout ordre en ont toujours agi de même.

962. — L'Italie, possédée, depuis 60 ans, simultané-
ment ou alternativement par les rois de Bourgogne, de
Provence, par les ducs de Spolette et de Frioul se livre à
Othon, roi d'Allemagne qui se fait couronner par le pape
Jean XII.

972. — Wladimir-le-Grand, Ier grand duc de Russie,
se fait baptiser; nombre de sujets imitent leur prince.

994. — Fondation du royaume de Suède dont le premier roi est Olaüs.

996. — Robert-le-Pieux, roi de France, fils et successeur de Hugues-Capet, est excommunié par le pape
Grégoire V, pour avoir épousé Berthe, sa parente; sur
ce tous l'abandonnent, et ses millions de sujets se réduisent à deux domestiques qui le servent, toutefois
passant par le feu tout ce qu'il touche. Robert, désespéré,
renvoie Berthe; l'excommunication est levée, puis il épouse
Constance de Taillefer, fille de Guillaume de Taillefer,
comte de Toulouse.

XIe Siècle ou Siècle de la Féodalité.

1012. — Naissance de l'ordre religieux des Camal-
dules en Toscane, fondé par saint Romual.

1013. — Suénon, roi de Danemark, s'empare du
royaume d'Angleterre et est la souche de la dynastie
Danoise qui gouverne ce pays au détriment de la dynastie
Saxonne.

1029. — Saint Odilon, abbé de Cluny, institue la
Fête des Morts, cet usage de son abbaye est ensuite adopté
par l'église entière, le 2 novembre.

DE J.-C.

1039. — Macbeth assassine Duncan, roi d'Ecosse, et se met à sa place.

1055. — Renversement de l'empire des Kalifes, par l'entrée des Turcs à Bagdad.

1061.—Bohême, érigée en royaume sous Wladislas; les Bohémiens, descendants des Sarmates, avaient des chefs valeureux ou rois militaires dès le milieu du VIe siècle.

1065. — Jérusalem est prise par les Turcs sur les Sarrasins ou Mahométans.

1066. — Conquête de l'Angleterre par Guillaume Ier le Conquérant, duc de Normandie, devenu par là roi d'Angleterre.

1086. — Ordre des Chartreux, institué par Saint-Bruno, chanoine de Reims. La Grande-Chartreuse, près Grenoble, en Dauphiné (France) est leur premier berceau.

Croisades.

On nomme ainsi les expéditions des princes chrétiens qui allèrent en Asie tenter la conquête de la Terre-Sainte pour chasser les Sarrasins Mahométans des lieux où Jésus-Christ assura le salut du genre humain. Une croix d'étoffe rouge cousue sur l'épaule droite de tous ceux qui partaient pour ce périlleux voyage leur fit donner le nom de Croisés. Malgré toutes les calamités qui furent les inséparables compagnes de ces expéditions, les princes chrétiens furent pendent deux siècles, de 1096 à 1291, constants à leur œuvre; huit fois différentes, ils revinrent

DE J.-C.

à la charge, mais tout fut inutile ; ces démonstrations ne servirent qu'à rendre les chrétiens d'Asie beaucoup plus malheureux. Cependant les avantages que l'Europe retira de ces expéditions lointaines peuvent balancer les énormes pertes matérielles qu'elle y fit.

Mention de chaque croisade est faite à son ordre de date.

1096. — 1100. — 1re Croisade, prêchée au Concile de Clermont en Auvergne, par le pape Urbain II, sur le récit des souffrances des chrétiens d'Asie, qu'y fit Pierre l'Hermite, gentilhomme picard ; trois cent mille hommes passent en Orient, ayant vingt souverains à leur tête ; leur chef Godefroy, duc de Bouillon, prend Jérusalem aux infidèles, ou Sarrasins Mahométans, le 25 juillet 1099, et en est élu roi.

1098. — 18 janvier. — Ordre religieux de Citeaux, de Fontevrault, règle des Augustins.

1100. — Ordre militaire et religieux des chevaliers de Saint-Jean-de-Jérusalem ou Hospitaliers, puis de Rhodes, de Malte, suivant pour le spirituel la règle des Augustins et des Bénédictins. Cet ordre est institué par Gerard d'Amalfi, pour la défense des chrétiens visitant les saints lieux.

XIIe Siècle ou Siècle des Croisades.

1110. — Les armoiries connues dans les temps les plus reculés, venant de l'usage qu'avaient les chevaliers d'orner leur bouclier des armes ou insignes de l'ennemi vaincu, donnent à cette époque lieu à l'extension du

DE J.-C.

blason, art de les connaître et de les décrire, et sans parler des tournois institués en 934 ; les croisades nécessitent cette démonstration féodale. La raison en est simple : des milliers de seigneurs partent pour la Terre-Sainte; ils emmènent avec eux chacun un nombre plus ou moins considérable de serfs. A cette foule innombrable d'hommes il faut quelques insignes qui leur fassent distinguer tel seigneur de tel autre, pour que le sujet puisse reconnaître son maître le suivre et lui obéir, car là comme au castel il ne dépend que de lui. Alors l'armoirie est adoptée par les peuples et les rois croisés pour être ce signe indispensable au noble ; au serf et à la sainteté de la cause. Depuis, les armoiries ont été conservées parmi la noblesse, toujours comme signe distinctif des familles, comme trophée des hauts faits de leurs ancêtres, comme devant être pour leur génération future un stimulant à la vertu, au courage.

1118. — Ordre militaire et religieux des Templiers, institué à Jérusalem et nommé ainsi parce qu'ils eurent leur première demeure auprès du temple. Hugues de Payen et Geoffroy-de-Saint-Omer, fondèrent cet ordre pour la défense des fidèles.

1120. — Ordre des Piémontés, ainsi nommé du lieu où était situé leur couvent, à deux lieues de Laon.

1120. — Royaume de Naples et de Sicile, fondé par Roger (Normand).

1120. — Naufrage de la famille royale d'Angleterre, sous Henri Ier, dit Beauclerc, qui en eut tant de chagrin que, dès-lors, dit-on, nul ne le vit sourire.

1139. — Portugal érigé en royaume par les troupes

portugaises en faveur d'Alphonse Henriquès, comte de Portugal, au moment de donner bataille à cinq rois Maures qui s'étaient ligués contre lui. Leurs cinq étendards et petits écus mis dans un écu d'azur, composent les armes de ce royaume. L'anniversaire de cette victoire est encore célébré de nos jours, 25 juillet.

1140. — 15 janvier. — Fondation du couvent des Trapistes à Mortagne, Orne, jadis, Perche, par Rotrou, comte du Perche. Rancé fit quelques changements aux statuts de cet ordre, le plus austère qui existe.

1140. — Sous Alonze VIII, roi d'Espagne, naissance de l'ordre des chevaliers de Saint-Jacques, un des plus célèbres d'Espagne. Cet ordre était composé des chanoines de Saint-Éloi et mi-partie de guerriers Castillans. Il avait pour but de défendre et de protéger les pèlerins qui venaient en foule de toute l'Europe visiter le tombeau de saint Jacques de Compostelle en Galice.

1147. — 1149. — 2me Croisade, prêchée par saint Bernard, entreprise par Louis VII, roi de France, et l'empereur d'Allemagne, laquelle échoua par la perfidie de Manuel, empereur des Grecs; il empoisonna les farines qu'il fournissait aux Croisés en y mêlant de la chaux et du plâtre.

1158. — Ordre militaire et religieux des chevaliers de Calatrava (moines de Citeaux) institué en Espagne et sanctionné par le pape Alexandre III, en 1164.

1162. — Henri IIe, roi d'Angleterre, soumet et unit pour toujours l'Irlande à son royaume.

1162. — Institution de l'ordre militaire et religieux

Dr J.-C.

des chevaliers d'Alcantara mi-partie guerriers et mi-partie moines de Citeaux.

1180. — Naissance des nombreux petits états d'Allemagne par la division de celui d'Henri-le-Lion, chef de la maison des Guelfes, mis au ban de l'empire par Frédéric Barberousse, empereur d'Allemagne et chef des Gibelins.

1182. — 22 avril. — Philippe-Auguste, roi de France, publie des édits très-sévères contre les blasphémateurs et expulse les juifs, les comédiens et les farceurs.

Sous son règne les troupes françaises commencent à être soldées.

1187. — Perte du royaume de Jérusalem sous Guy de Lusignan.

1189. — 1193. — 3ᵐᵉ CROISADE. — Entreprise par Philippe-Auguste, roi de France, par Richard-Cœur-de-Lion, roi d'Angleterre, et par Frédéric Barberousse, empereur d'Allemagne, laquelle, pour n'avoir pas eu les mêmes causes, ne fut pas plus heureuse que les précédentes.

1190. — Naissance de l'ordre militaire des chevaliers Teutoniques.

XIII' Siècle ou Siècle de St-Louis.

1202. — 1204. — 4ᵐᵉ CROISADE. — Prise de Constantinople par les Croisés, au bout de 60 jours de siége (1204). Les Latins élisent à l'unanimité (le 9 mai), Baudoin, comte de Flandre, pour leur empereur.

. DE J.-C.

1203. — Ordre de la Trinité, de la Rédemption des captifs, des Carmes du Mont-Carmel, en Syrie, formé par des pèlerins d'Occident. Cet ordre s'établit en Europe en 1264.

1208. — Ordre religieux des Cordeliers, inventeurs du rosaire ; des Frères Mineurs, des Minimes en 1273, nés de l'ordre des Franciscains, institué cette année-là par Saint-François-d'Assise.

1212. — Croisade d'enfants. — Quatre-vingt-dix mille enfants des deux sexes, Français et Allemands, partent pour la conquête de la Terre-Sainte.

Dans ce long trajet, les fatigues et les privations les déciment, et le reste est vendu aux Sarrasins par deux négociants Marseillais qui les transportent à Alexandrie.

1218. — Ordre religieux des Dominicains, ou Frères prêcheurs, en Espagne et en Italie, institué par saint Dominique.

1218. — Jean de Brienne, roi titulaire de Jérusalem, aidé de André II, roi de Hongrie, tente vainement de reprendre ses États ; le retour d'André dans son royaume le met dans l'impuissance d'agir ; cependant il prend Damiette, qu'il ne conserve pas longtemps.

1227. — Les Tartares, conduits par Gen-Gis-Khan, renversent en 19 ans l'empire des Sarrasins ou Mahométans, de 1208 à 1227.

1228. — L'empereur Frédéric pour faire lever l'excommunication lancée contre lui par le pape Grégoire IX, part pour la Terre-sainte, achète du sultan Mélédin la

DE J.-C.

ville de Jérusalem dont il se fait couronner roi, mais il retourne bientôt dans ses États révoltés.

1230. — Fondation de l'état de Prusse, par les chevaliers Teutoniques.

1239. — La couronne d'épines de Jésus-Christ est mise en gage, pour une somme d'argent, par Baudoin II. Saint Louis la retire et fait pour ce bâtir la Sainte-Chapelle, à Paris.

1248. — 5me CROISADE. — Elle est entreprise par saint Louis, 9e du nom, roi de France; elle a un heureux commencement, mais une fin bien malheureuse. Le monarque français est fait prisonnier en Egypte, le 5 avril.

1257. — Organisation définitive de l'ordre religieux de Saint-Augustin, institué par saint Augustin, évêque d'Hippone, en 395.

1358. — Les Tartares s'emparent de la Perse et en chassent les Turcs, vainqueurs des Sarrasins..

1261. — Fin de l'empire des Latins, autrement dit empire français ou empire des Croisés.

1263. — Institution de la fête du Saint-Sacrement, par le pape Urbain IV, qui en fait composer l'office par saint Thomas d'Aquin.

1268. — 1270. — 6me et dernière CROISADE *. — Elle est entreprise par saint Louis, qui part pour Tunis; il y est malheureux, et y meurt comme un saint.

---

* Les auteurs diffèrent sur le nombre des croisades faites contre les Musulmans; j'ai cru plus convenable de ne parler que des principales et de ne point décorer de ce nom les démêlés de 1218 et 1228 (voy. *page* 30), et celui de 1344, dont Smyrne fut le théâtre.

De J.-C.

1270. — Première lettre d'anoblissement en faveur des roturiers.

1270. — Ordre des Célestins, institué par P. de Morou, depuis pape sous le nom de Célestin V, en 1274.

1282. — 20 mars. — Vêpres siciliennes ; à la troisième fête de Pâques, au premier coup de Vêpres, massacre général des Français à Palerme, puis dans toute la Sicile. Un seul est épargné, Guillaume de Porcelet, précédent gouverneur, qui avait été probe et juste.

XIVe Siècle ou Siècle de Tamerlan.

1307. — La Suisse secoue le joug Autrichien, et devient république sous le nom de Confédération helvétique à l'instigation de Guillaume Tell.

1307. — Le siége pontifical de Rome est transporté à Avignon, par le pape Clément V.

1308. — Les juifs sont bannis de France et ont leurs biens confisqués.

1310. — L'île de Rhodes, conquise par les Sarrasins, passe de leur mains en celles des Turcs, puis enfin devient la proie des vainqueurs de ces derniers, les chevaliers de Saint Jean de Jérusalem qui s'y établissent.

1313. — Abolition de l'ordre des Templiers dans toute la chrétienté, sous le pape Clément V. Philippe-le-Bel, roi de France, fait brûler vif à petit feu 57 templiers, puis Jacques Molay leur grand-maître, le 11 mars 1314. Le pape et le roi sont, dit-on, assignés à comparaître par les victimes au tribunal de Dieu, le

De J.-C.

premier à 40 jours, le roi dans l'année, ce qui arrive en effet.

1318. — Ordre des chevaliers du Christ. institué par Denis, roi de Portugal.

1333 à 1361. — Guerre incessante et intestine dans les États chrétiens ; le cardinal de Vassal rétablit la paix entre divers petits princes chrétiens, entre les Vénitiens, les Espagnols et les Anglais, entre la république de Venise et le royaume de Hongrie, et enfin il soumet les factieux qui désolaient les états de l'église.

1343. — Institution du Jubilé ou indulgences accordées tous les 50 ans aux fidèles par le pape Clément VII.

1349. — Ordre des chevaliers de la Jarretière, ayant pour devise : « *Honny soit qui mal y pense* », institué par pure galanterie d'Edouard III, roi d'Angleterre envers la belle comtesse Alix de Salisbury.

1360. — Don Pèdre, roi de Portugal bannit les avocats de son royaume, ne voulant, dit-il, rien laisser au pouvoir de l'éloquence.

1364. — Découverte de la Guinée, par des Dieppois.

1369. — Le célèbre Tamerlan (Asie) détruit l'empire des Mogols et fonde un empire composé de celui des vaincus, de la Perse, de la Russie, etc. jusqu'au fond des Indes ; il allait y ajouter la Chine, lorsque la mort le surprit. Ses trente-six fils se divisèrent ses conquêtes.

1374. — Charles V, roi de France, déclare les rois majeurs à 14 ans; avant ils ne l'étaient qu'à 20.

1377. — Après un séjour de 72 ans des papes à Avignon, Grégoire XI porte le saint siége à Rome, meurt

De J.-C.

en 1778; alors Prignan, napolitain, est élu pape à Rome, sous le nom d'Urbain VI, puis le vicomte Robert, de Genève, est également élu pape sous le nom de Clément VII le 20 septembre 1378 et siége à Avignon; c'est ce qu'on appelle le grand Schisme d'Occident.

1397. — Réunion des trois royaumes de Danemarck, de Suède et de Norvége, sous la fameuse Marguerite, surnommée la Sémiramis du Nord, par l'union de Calmar.

XVe Siècle ou Siècle des grandes Découvertes.

1402. — Iles Canaries soumises au profit de la Castille, par Jean Bethencourt, gentilhomme français.

1420. — Iles Madères et autres pays longeant les côtes d'Afrique découverts par les Portugais, l'immense forêt qui couvrait l'île, est à dessein réduite en cendres par un incendie de 7 ans; après quoi cette île est cultivée comme les autres colonies.

1429. — Institution du grand ordre de la Toison-d'Or, dont le grand maître est toujours le roi d'Espagne, créé par Philippe, duc de Bourgogne.

1429. — La France, envahie par les Anglais, est à deux doigts de sa perte; Charles VII n'a plus, si j'ose dire, qu'Orléans pour royaume, encore cette ville est-elle assiégée. Mais Jeanne-d'Arc, bergère de Domremy (Vosges) connue sous le nom de Pucelle d'Orléans, paraît et le siége est levé (8 mai); maintes places redeviennent françaises, Charles VII est sacré à Rheims, le 17 juillet, et les Anglais, battus en plusieurs rencontres renoncent à leur projet de conquérir la France.

De J.-C.

1553. — Prise de Constantinople. [*] — Fin de l'empire Grec ou Bas-Empire.

Mahomet II, empereur de Turcs Ottomans, sectateurs de Mahomet, s'empare de Constantinople, autrefois Byzance, capitale de l'empire romain en 330, de celui d'Orient en 395, engloutie en 557, presque aussitôt réédifiée, assiégée en divers temps par plusieurs peuples barbares, prise par les Croisés, en 1195, et reprise en 1196 et 1204. Elle vit naître l'empire Latin, et le schisme de l'église grecque qui définitivement se rendit indépendante de la cour de Rome, en 1054.

1460. — Guerre civile en Angleterre, dite des deux roses (rouge et blanche), dans laquelle Henri d'York et Edouard de Lancastre se disputent la couronne.

1473 — Institution de l'ordre des Minimes sous Sixte IV, lequel réduisit à 25 ans la distance d'un jubilé à l'autre.

1477. — La Russie devient tout-à-fait un état puissant sous Ivan III, Wassilievitch; jusque là elle avait été sous la férule des Tartares.

1481. — Inquisition établie par le pape Innocent III, en 1215, pour l'extirpation de l'hérésie dans toute la chrétienté; elle est, cette année-là, tout à fait organisée en Espagne, sa véritable patrie, sous le nom de Saint-Office, par Ferdinand et Isabelle.

---

[*] Cet événement est par convention l'époque transitoire de l'histoire du moyen-âge à l'histoire moderne.

De J.-C.

Le fanatisme est substitué à la doctrine douce et gé-
néreuse du Christ, et le tribunal inquisiteur verse, le
sang de plus de 5 millions de victimes de l'année 1590
à 1808. Il a été définitivement aboli par les Cortès en
1820.

1492. — 4 janvier. — Destruction définitive de l'empire des Maures en Espagne, qui l'opprimaient depuis
780 ans, par la prise de Grenade, leur capitale et dernier refuge; Ferdinand et Isabelle chassent également
les juifs, qui sortent au nombre de 800,000 formant
178,000 familles, auxquelles il est permis d'emmener
leurs immenses richesses.

26 octobre 1492. — Découverte, aux frais de l'Espagne, de l'Amérique ou nouveau monde, par Colomb
Christophe, Génois, habile mathématicien, qui a également découvert en 1492 Cuba et Saint-Domingue, et
en 1493, les Petites-Antilles.

1499. — La Perse revient enfin aux Sarrasins, ses
premiers maîtres, sous Ismaël Sophiot, cousin en ligne
directe de Mahomet.

1490. — Ordre religieux de l'Annonciade, institué à
Bourges, par Jeanne, fille de Louis XI et femme vertueuse, divorcée avec Louis XII par caprice royal où
l'amour l'emporte sur la reconnaissance.

XVI⁺ Siècle ou Siècle de Léon X.

1500. — Guyane, découverte par Colomb, puis par
Vasco Murez.

DE J.-C.

1500. — Brésil découvert par les Portugais.

1517. — Naissance de la religion réformée, en Saxe (Allemagne) au sujet des indulgences accordées par le pape Léon X à ceux qui contribueraient aux frais de la guerre des princes chrétiens contre Sélim, empereur turc, qu'on donna à publier aux Jacobins, contre l'usage qui avait toujours été de les donner aux Augustins. Un de ces derniers, nommé Luther, professeur de Théologie, déclame contre les prêcheurs, puis contre les indulgences, puis enfin se sépare du pape et de l'église et fait une religion qui, dès son début, a de nombreux sectaires. En 1530, la confession d'Augsbourg réunit toutes les sectes de la religion réformée sous le nom de religion protestante. Calvin, réformateur protestant paraît à Poitiers en 1534, puis à Nérac, puis à Genève, s'y établit et y meurt.

1517. — Haradin Barberousse fonde le royaume d'Alger.

1519. — Le détroit de Magellan est découvert par Fernand de Magellan. Le Mexique ou Nouvelle-Espagne, est découvert et conquis par Fernand Cortez. Les Iles Florides avaient été découvertes en 1512.

1521. — La Suède est affranchie du joug danois par Gustave Wasa.

1524. — Canada découvert et conquis par les Français, sous François Ier ; il reçoit le nom de Nouvelle-France.

1524. — Pérou, en Amérique, découvert et conquis par François Pizarre, sous Charles V, roi d'Espagne.

1525. — 14 février. — Bataille de Pavie ; où le roi François Ier est fait prisonnier par Charles-Quint.

De J.-C.

1531. — L'ordre des Récollets, de Picpus, originaire de l'ordre de saint François, prend alors naissance.

1533. — Naissance de la religion anglicane dont le chef est le roi d'Angleterre. Henri VIII ne pouvant obtenir assez vite du pape la dissolution de son mariage avec Catherine d'Aragon pour épouser Anne de Boulen, se marie secrètement avec elle ; sur ce, le pape l'excommunie ; dès-lors, Henri se sépare de l'église, la persécute, (1540) et nombre de sujets imitent leur roi.

1534. — Ordre célèbre des Jésuites ou compagnie de Jésus, fondé par Ignace de Loyola d'Ognes, gentilhomme espagnol ; cet ordre, approuvé par le pape Paul III, en 1540, destiné à instruire la jeunesse et à propager la foi, est d'abord florissant dans l'Europe, puis est, à des époques différentes, banni de tous les états, et enfin aboli par le pape Clément XIV en 1773 ; rétabli par Pie VII, en 1814, il a encore fleuri et a encore été persécuté.

1534. — L'Irlande s'érige en royaume et proclame Henri VIII d'Angleterre.

1535. — Prise de Tunis, par Charles-Quint, qui était venu au secours de Muley-Hassem qui venait d'être vaincu par Haradin Barberousse, célèbre pirate.

1556. — Renonciation volontaire de Charles-Quint aux grandeurs humaines ; il abdique ses deux couronnes et se retire au monastère de Saint-Just (28 kilomètres de Plasencia, Vieille Castille) pour travailler uniquement aux affaires de l'autre vie.

1560. — La Hollande secoue le joug espagnol sous Philippe II et s'érige en république en 1579. Elle est reconnue en 1648 par Philippe IV.

1565. — Iles Philippines découvertes par les Espagnols sous Philippe II.

1571. — Fameuse bataille de Lépante gagnée sur les Turcs par don Juan d'Autriche.

1572. — 24 août, nuit de la Saint-Barthélemi, odieux massacre des Huguenots ordonné par Charles IX, roi de France ; 70,000 protestants y périssent, tant à Paris qu'en province.

1578. — 31 décembre. — Ordre du St-Esprit créé par Henri III, roi de Pologne, puis roi de France.

1580. — Le Portugal est réuni à l'Espagne par Philippe II.

1582. — Réformation, par le pape Grégoire XIII, du calendrier Julien, établi par Jules-César, vingt-quatre avant Jésus-Christ. Ce calendrier, ne donnant que 365 jours à l'année, en 1582, il y eut un déficit de 10 jours sur l'année solaire, qui est de 365 jours 5 heures 48 minutes 45 secondes. Grégoire retranche les 10 jours dans l'an 1582 où le 5 octobre est compté le 15 octobre ; il fait les trois années suivantes nommées communes, de 365 jours, et la quatrième nommée bissextile de 366 et ainsi de suite jusqu'à nous ; ce calendrier, dit Grégorien, est adopté dans toute la chrétienté, sauf la Russie et la Grèce, qui ont conservé le calendrier Julien.

1587. — Marie Stuart, reine d'Ecosse, veuve en premières noces de François, roi de France, est décapitée par ordre d'Elisabeth, sa cousine, reine d'Angleterre, après 18 ans de captivité, sur un prétendu soupçon de conspiration.

De J.-C.

1589. — Henri IV, devenu roi de France, réunit la Navare à la couronne, de là le titre de roi de France et de Navare.

1598. — 13 avril. — Fameux édit de Nantes par Henri IV, roi de France, qui déclare les protestants aptes à remplir les charges de l'Etat.

XVIIe Siècle ou Siècle de Louis XIV.

1603. — L'Ecosse est réunie à l'Angleterre sous Jacques VI, roi d'Ecosse, et roi d'Angleterre sous le nom de Jacques Ier. Ce nouvel état prend dès lors le nom de Grande-Bretagne.

1610. — Ordre des Visitandines ou de la Visitation, fondée à Annecy (France), par Saint-François-de-Sales, évêque et prince de Genève, et la baronne de Chantal. Cet ordre de religieuses est approuvé en 1626 par le pape Urbain VIII et est très-répandu.

1618. — Célèbre guerre de 30 ans en Allemagne.

1640. — Le Portugal secoue le joug espagnol.

1648. — Traité de paix de Westphalie signé à Meunster, dans lequel, entre autres choses, la Hollande et la Suisse sont reconnues indépendantes.

1649. — 10 février. — Révolution d'Angleterre. — Le roi Charles Ier condamné par le parlement y est décapité, et Cromwell, général révolutionnaire sous le titre douceureux de protecteur de la république, est roi absolu (1653).

1660. — Les Stuarts sont rétablis sur le trône d'Angleterre, grâce à l'abdication de Richard Cromwell et au général Monck.

LIVRAISON.   4

DE J.-C.

1679. — Traité de Nimègue, dont un article réunit la Franche-Comté à la France.

1680. — Ordre des frères de la doctrine chrétienne, institué pour l'éducation de l'enfance indigente, par J.-B. de la Salle, et approuvé par le pape Benoit XIII, en 1724.

1681. — France. — Le fameux canal du midi est achevé et livré à la navigation. Il joint la mer Méditerranée au grand Océan, à 227,547 mètres de long, 62 écluses, 72 ponts, 55 aqueducs sur lesquels coulent autant de rivières; enfin, il a coûté 34 millions de francs. OEuvre immortelle du célèbre Riquet.

1682. — Les Français s'établissent à Pondichéry, (Indes) et bombardent la rapace et insolente Alger.

1683. — Vienne, capitale de l'Autriche, assiégée par 300,000 Turcs, et délivrée par le célèbre Jean Sobieski, roi de Pologne, à la tête de 50,000 Polonais.

1688. — Guillaume d'Orange, Stathouder de Hollande, détrône Jacques II, son beau-père, roi d'Angleterre.

1693. — Ordre de saint Louis, créé par Louis XIV, dont le roi de France est le grand-maître. Pour l'obtenir, il fallait être catholique et avoir servi avec honneur sa patrie pendant 20 ans.

1697. — La France reconnaît pour roi d'Angleterre Guillaume III d'Orange, par le traité de paix signé à Riswick (Hollande).

1700. — Guerre de la Succession. Les puissances Européennes disputent la couronne d'Espagne à Philippe de Bourbon, duc d'Anjou, auquel elle était tombée en héritage, et finissent par le lui abandonner après une

DE J.-C.

lutte acharnée de 13 ans, par la paix d'Utrecht en 1713.

XVIIIe Siècle ou Siècle de Pierre-le-Grand.

1701. — Frédéric, électeur de Brandebourg, est le premier roi de Prusse, laquelle n'était encore alors que duché.

1707. — L'Ecosse, déjà réunie à l'Angleterre (voy. *page 49*), perd toute trace de nationalité; la reine Anne fondit en un seul ces deux gouvernements.

1709. — Le fameux Pierre-le-Grand, czar de Russie, défait à Pultawa Charles XII, roi de Suède.

1720. — Peste de Marseille, qui enlève 50 mille personnes, dans laquelle s'immortalise la charité de l'archevêque Belzunce.

1721. — 9 avril. — 150,000 Perses sont engloutis à Tunis par un tremblement de terre.

1735. — La Lorraine est réunie à la France par le traité de Vienne.

1755. — Portugal, tremblement de terre à Lisbonne; à la première secousse, 12 mille maisons sont renversées, et la commotion s'en fait sentir dans les quatre parties du monde.

1761. — Les Bourbons régnants font ensemble un traité, dit pacte de famille.

1769. — 9 mai. — Réunion de la Corse à la France.

1772. — Premier démembrement et partage de la belle Pologne entre la Russie, la Prusse et l'Autriche.

1773. — Les Français, commandés par Lafayette,

DE J.-C.

aident les anglo-américains à secouer le joug de l'Angleterre, laquelle est obligée de les reconnaître indépendants, sous le nom d'États-Unis, en 1782.

1780. — Fondation de l'admirable école des sourds et muets à Paris, par l'abbé de l'Épée.

1789. — Révolution française, qui fait périr le 21 janvier 1793, l'infortuné et vertueux roi Louis XVI. Ce fut l'époque des grandes choses; alors les grandes institutions qui gouvernent encore la France ; alors aussi des grandes calamités venues pour donner à la France une terrible leçon.

1791. — Massacre des blancs à Saint-Domingue par les noirs révoltés.

1794. — Troisième et définitif partage du royaume de Pologne; le deuxième avait eu lieu l'année précédente.

1795. — Institution de l'École polytechnique par décret de la Convention, 21 mars.

1795. — Institution des écoles normales et du conservatoire des arts et métiers.

1796. — Conquête de l'Italie par Bonaparte.

1798. — Conquête d'Egypte par Bonaparte.

1799. — Bataille du mont Thabor, près du Jourdain, gagnée par quatre mille Français sur trente-cinq mille Turcs.

1799—1815. — Un vaste empire français succède au royaume de France. Une nation belliqueuse, sous la conduite d'un génie puissant, fait trembler l'univers, mais pour preuve irrévocable du peu de stabilité des choses humaines, Napoléon finit sa carrière sur un rocher anglais, prisonnier d'état européen.

XIX° Siècle ou Siècle actuel.

1801. — Concordat entre Bonaparte et le pape Pie VII, qui rétablit le culte catholique en France, aboli par les terroristes.

1802. — Ordre de la Légion-d'Honneur, créé par Bonaparte.

1803. — La Louisiane est vendue par la France aux Etats-Unis. — 75 millions.

1804. — Bonaparte est élu et sacré empereur des Français sous le nom de Napoléon 1er, et en 1805, roi d'Italie.

1808. — Joseph, frère de Napoléon, règne en Espagne ; Murat, son beau-frère, à Naples.

1809. — Révolution de Suède. Alphonse IV addique forcément. Bernadotte est élu roi de Suède à sa place, 13 mars.

1810. — Napoléon divorce avec Joséphine et épouse Marie-Louise d'Autriche.

1811. — Naissance du roi de Rome.

1812. — La Russie est envahie par les Français, et Moscou est livré aux flammes par les Russes; désastreuse retraite des Français.

1814. — Capitulation de Paris. Suite de l'envahissement de la France par les puissances étrangères qui forcent Napoléon à abdiquer et replacent les Bourbons sur le trône de France et d'Espagne.

1815. — Cent jours. — Réaction napoléonienne en France. Napoléon saisit encore le septre et réabdique. (V. France.)

DE J.-C.

1820. — 29 septembre. — Naissance de Henri Dieu-donné d'Artois, duc de Bordeaux, seul rejeton actuel de la branche aînée des Bourbons.

1821. — La Grèce, cette contrée jadis si célèbre, au sud-est de l'Europe, longtemps soumise à la domination despotique des Turcs-Ottomans, veut en secouer le joug et y parvient, mais seulement après une guerre acharnée de neuf ans, et par l'intervention des puissances européennes qui la proclament monarchie indépendante le 3 février 1830, et lui donnent pour roi le prince Othon, aujourd'hui régnant, fils du roi de Bavière.

1823. — Intervention armée de Louis XVIII, roi de France, en Espagne.

1827. — Combat naval de Navarin.

1830. — Les puissances Belges se séparent des provinces Hollandaises et fondent, grâce aux Français, un royaume en 1831, lequel est reconnu de toutes les puissances en 1839. Les Belges élisent pour roi Léopold Ier, aujourd'hui régnant.

1830. — 4 juillet, prise d'Alger par les Français sous Charles X, et commandés par le général Bourmont.

1830. — 27, 28, 29 juillet. — Révolution française qui exile la branche aînée des rois, pour, à ce qu'on prétend, avoir osé mettre le sceau royal au bas de trois ordonnances qui étaient intempestives. — Le 9 août suivant, Louis-Philippe d'Orléans, chef de la branche cadette des Bourbons, prend le sceptre sous le titre de Roi des Français.

1831. — De novembre 1830 à septembre 1831.— Lutte héroïque des Polonais contre les Russes; la valeur

DE J.-C.

des premiers aurait suppléé au nombre des seconds, s'il y avait eu entendement et égal amour patriotique dans leurs chefs. La Pologne, loin de reconquérir cette ancienne indépendance qui avait fait d'elle un royaume puissant, de 992 à 1772, tombe définitivement sous la férule autocrate, et 40,000 émigrés passent sur la terre étrangère.

1832. — Ravage du choléra-morbus en Europe ; une multitude de victimes lui paye tribut.

1832. — Mort du roi de Rome.

1833. — 1840. — Guerre civile en Espagne connue sous le nom de la guerre des 7 ans. Elle prend naissance à la mort de Ferdinand VII, et se termine à l'abdication de la reine Christine comme régente de sa fille Isabelle II, héritière du trône, en faveur d'Espartero; depuis des divisions intestines sont encore venues déchirer cette riche mais malheureuse Espagne. (Voir Espagne, à la 2me partie de cet ouvrage).

1840. — 1re guerre de la Chine avec un Etat européen. L'empereur aujourd'hui régnant, Taou-Kouang (splendeur de la raison) déclare la guerre à l'Angleterre, qui, contre ses défenses, importe l'opium dans ses Etats. Les Anglais voulant empoisonner bon gré, mal gré, les habitants du Céleste empire, soutiennent avec eux une guerre onéreuse, laquelle finit par un traité qui laisse aux Anglais le droit de débiter leurs drogues dans cinq principaux ports chinois.

1842. — 1er mai. — Prise de possession au nom de la France des îles Marquises dans l'Océan-Pacifique, par le contre-amiral Dupetit-Thouars.

De J.-C.

1842. — Du 4 mai, 5 heures du soir, au 9 après midi. —Incendie d'Hambourg, onze quartiers, 29 rues, douze mille maisons ou magasins, 19 édifices sont dévorés par les flammes ; jamais consternation ne fut plus grande.

1842. — 8 mai. — Catastrophe du chemin de fer de Versailles, rive gauche ; le célèbre contre-amiral Dumont-d'Urville, sa femme et son fils unique sont le lendemain trouvés au nombre des victimes.

1842. — 13 juillet. — Mort tragique et déplorée de Ferdinand d'Orléans, fils aîné de Louis-Philippe Ier.

1843. — 13 février. — Tremblement de la Pointe-à-Pitre ; la ville en un mot est entièrement détruite.

1843. — Soulèvement des Taïtiens contre les Français à l'instigation de Pritchard, missionnaire anglican, médecin de Pomaré, reine de Taïti.

1844. — Bombardement de Mogador (Maroc) par les Français, commandés par le brave prince de Joinville, amiral de la flotte. Un pauvre traité de paix s'en est suivi.

1844-45. — L'Irlande, docile à la voix d'O'Connell est toujours en rumeur ; elle voudrait voir ses intérêts détachés de la cause britannique et faire un peuple à part. (*Voir* la 2me partie de cet ouvrage, HISTOIRE D'ANGLETERRE.)

1845. — Quelques divisions intestines troublent les Etats de l'Eglise.

1845. — La Suisse, mécontente, veut expulser de chez elle les jésuites. Le lecteur sait que la confédération helvétique est en grande partie protestante.

1845. — Avril. — Après deux ans de recherches, on

DE J.-C.

vient d'avoir par MM. Botta, consul français à Massouls,
sur le Tygre, et Flandin, peintre français, des données
certaines sur les fouilles qui ont découvert la belle et
somptueuse Ninive avec ses 24 lieues de tour, bâtie en
2680 avant J.-C., par Assur, arrière petit-fils de Noé,
et détruite en 624 avant J.-C. (Voyez page 16).

1845. — 8 mai. — FRANCE. — Quatorze millions
130 mille francs sont votés par l'armement des fortifica-
tions de Paris, commencées en 1841, et pour lesquelles,
en diverses fois, les chambres ont alloué un chiffre total
de 140 millions.

FIN DE LA PREMIÈRE PARTIE.

ERRATA DE LA PREMIÈRE PARTIE.

———

Page du titre, *au lieu de* faites ce que vous voudriez qu'il fût fait, *lisez :* faites ce que vous voudriez qu'il vous fût fait.

Page 12, avant-dernière ligne, *au lieu de* de religion et la morale, *lisez :* de religion et de morale.

Page 18, ligne 15, *au lieu de* après une lutte de 80 ans, *lisez :* après une lutte de huit ans.

Page 20, à l'article naissance de Jésus-Christ, *au lieu de* (Voir page 9), *lisez :* (Voir page 10).

Page 20, avant dernier article, *au lieu de* an 59. Jésus, *lisez :* an 50. Jésus.

Page 21, avant dernière ligne, *au lieu de* Pompeï et est le tombeau, *lisez :* Pompeï Stabia et est le tombeau.

Page 24, ligne 2, *au lieu de* du ministre Ruffin, *lisez :* du ministre Ruffin.

Page 25, ligne 10, *au lieu de* pour gouverneur, *lisez :* pour gouvernant.

Page 25, avant dernière ligne, *au lieu de* dans les plajues cataloniques, *lisez :* dans les plaines catalauniques.

Page 26, dernière ligne, *au lieu de* flotte d'Anvers, *lisez :* flotte danoise.

Page 28, ligne 8, *au lieu de* de Chilperic, premier roi de, *lisez :* de Chilperic I, roi de.

Page 31, dernier article, *au lieu de* pour faire le siége de, *lisez :* pour faire lever le siége.

Page 32, troisième article et deuxième ligne, *au lieu de* est aussi Harold II est aussi un Harold II.

Page 40, au nota, *au lieu de* (Voir page 50), *lisez :* (Voir page 59).

Page 44, ligne 1, *au lieu de* empereurs de Turcs, *lisez :* empereurs des Turcs.

Page 45, ligne 19, *au lieu de* Ismaël Sophiot, *lisez :* Ismaël Sophi.

Page 48, Sixième article et troisième ligne, *au lieu de* vingt-quatre avant Jésus-Christ, *lisez :* vingt-quatre ans avant Jésus-Christ.

Page 48, Sixième article et troisième ligne, *au lieu de* ne donnant que 565, *lisez :* ne donnant constamment que....

Page 49, Septième article et deuxième ligne, *au lieu de* de François, roi de, *lisez :* de François II, roi de France.

DEUXIÈME PARTIE.

HISTOIRE PARTICULIÈRE DE CHAQUE PUISSANCE ACTUELLE DU GLOBE, DE LEUR PLUS HAUTE ANTIQUITÉ A CE JOUR,

TRAITÉE DANS L'ORDRE SUIVANT :

1° Église romaine. — Son origine. — Sa puissance spirituelle, temporelle, son apogée et sa décadence comme influence politique ; sa définition. — 2° Les différents États de l'Europe séparément et par importance de population. — 3° d'Asie. — 4° d'Afrique. — 5° d'Amérique. — 6° d'Océanie.

ÉGLISE.

SON ORIGINE ET SA FIN INDUBITABLE.

> Née dans le même berceau que le
> monde, elle ne doit être ensevelie que dans la même tombe.

L'existence d'un être invisible gouvernant l'espèce humaine est un axiôme connu de tous les temps, de tous les lieux, de tous les êtres, dans quelle que partie du globe, dans quel que degré d'intelligence qu'ils soient pla-

De J.-C.

cés. Cette croyance, base fondamentale de l'histoire de l'Eglise, se trouve aujourd'hui âgée de 5807 ans. A cette époque si reculée a lieu la création du monde, a lieu l'accomplissement de la loi divine, dite la *loi de nature*. Puis il y a 5252 ans arrive le comble de la corruption et de l'aveuglement de la créature ; aussi arrive le châtiment terrible du déluge. Puis a lieu, il y a 3765 ans, la vocation d'Abraham et la promesse du Messie. Puis est donnée il y a 3335 ans, la manifestation écrite de la volonté de Dieu (ou le décalogue remis par Moïse à son peuple, c'est ce qu'on appelle la *loi écrite*). Enfin, il y a 1844 ans, la réalisation de la promesse faite à Abraham. Jésus paraît, c'est là la *loi de grâce*, alors une scission s'opère parmi les Hébreux, peuple resté fidèle à la voix du Très-Haut, serviteurs dévoués au Dieu d'Abraham, d'Isaac et de Jacob.

Les uns restent sectateurs stricts d'Abraham et de Moïse, et attendent le Messie, il est venu, il vit parmi eux, mais ils refusent de le connaître ; tels sont les juifs, dont une partie passe plus tard au camp des Gentils ; l'autre est dispersée à la ruine de Jérusalem, 72 ans après Jésus-Christ, erre sur le globe et n'a dès lors aucune résidence fixe, aucun gouvernement particulier, ils attendent toujours, disent-ils, le Messie qui doit leur rendre leur première splendeur.

Les autres ouvrent les yeux à la lumière, adorent le Christ comme le fils de Dieu, comme le Messie annoncé par les prophètes, comme le rédempteur promis au premier homme, tels sont les chrétiens qui, sans autre arme que l'exemple des vertus évangéliques, soumettent,

DE J.-C.

si j'ose dire, la terre à leur doctrine, ont pour patrie le monde et pour roi un Dieu.

Suit la nomenclature de leurs gouvernants ou chefs visibles et quelques notices sur les faits saillants de leur histoire.

VICAIRES DE J.-C., PAPES OU ÉVÊQUES DE ROME.

Puissance purement spirituelle jusqu'à l'an 752 de J.-C.

30. — Jésus-Christ jette les fondements du pouvoir spirituel des papes ou évêques de Rome, par ces mots adressés à Simon, auquel il donne le surnom de Pierre: « *Vous êtes Pierre, et sur cette* « *pierre je bâtirai mon Église et* « *les portes de l'enfer ne prévau-* « *dront point contre elle.* »

33. — Saint-Pierre, par son humilité, nommé par le Christ chef des apôtres, premier évêque de Rome, succède à son divin maître. Il l'avait renié trois fois pendant sa passion, mais aussitôt se repentit. Il prêche avec succès la résurrection de Jésus à Jérusalem, siége à Antioche, puis à Rome, où il est martyrisé, en l'an 65.

66. — Saint Lin fait un règlement qui interdit aux femmes de se trouver en public autrement que la tête voilée, et voit la première persécution, qui dure de 64 à 68.

78. — Saint Anaclet ou saint Clet, disciple de saint Pierre.

91. — Saint Clément Ier voit, en 95, la deuxième persécution.

100. — Saint Evariste, Grec, voit, en 116, la troisième persécution.

IIe siècle.

109. — Saint Alexandre.

119. — Saint Sixte Ier.

127. — Saint Télesphore, Grec.

139. — Saint Hygin, Grec.

142. — Saint Pie Ier, Romain.

157. — Saint Anicet, Syrien.

168. — Saint Soter, Italien, voit la quatrième persécution, de 166 à 177.

177. — Saint Eleuthère, Grec,

De J.-C.

envoie des missionnaires en Angleterre.

193. — Saint Victor Ier, Africain, fixe la fête de Pâques au dimanche qui suit le quatorzième jour de la lune de Mars, et voit la cinquième persécution, 199-204.

IIIe Siècle.

202. — Saint Zéphirin.

218. — Saint Calixte Ier.

222. — Saint Urbain Ier.

230. — Saint Pontien.

235. — Saint Antéros, Grec, voit éclater la sixième persécution, 235-238.

236. — Saint Fabien, Italien.

250. — Saint Corneille Ier, Romain, voit la septième persécution, 250-252.

Novatien Ier, anti-pape.

252. — Saint Lucius Ier, règne cinq mois.

253. — Saint Etienne Ier.

257. — Saint Sixte II, Grec.

259. — Saint Denis voit la huitième persécution, 258-260.

269. — Saint Félix Ier.

274. — Saint Eutychien.

283. — Saint Caïus de Dalmatie voit la neuvième persécution en 275.

295. — Saint Marcelin.

IVe Siècle.

304. — Saint Marcel Ier voit la dixième et dernière persécution, 203-312.

310. — Eusèbe, Grec, meurt la même année.

311. — Saint Miltiade, Africain, baptise l'empereur Constantin en 312, lequel lui fait don de quelques édifices et de terres.

314. — Saint Sylvestre Ier, Romain, voit naître l'hérésie d'Arius, qui prétend que le Père, le Fils et le Saint-Esprit, ne sont pas d'une même nature.

336. — Saint Marc, Romain.

337. — Saint Jules Ier, Romain.

352. — Saint Libère, de 355 à 358, exilé.

Félix, anti-pape, règne trois ans.

366. — Saint Damase Ier, Portugais.

Ursin, anti-pape, règne un an.

385. — Saint Sirice, Romain.

398. — Saint Anastase Ier.

Ve Siècle.

402. — Saint Innocent Ier répare Rome, pillée, et condamne la doctrine de Pélage, qui prétend que la grâce n'est pas nécessaire pour faire le bien : il suffit, dit-il, de la raison. Sous Innocent, les

De J.-C.

images sont introduites dans les églises.

417. — Saint Zozime, Grec.

418. — Saint Boniface Iᵉʳ, Grec.

422. — Saint Célestin Iᵉʳ condamne Nestorius, qui reconnaît deux personnes distinctes en Jésus-Christ : Dieu, homme. Sous Célestin, les cloches sont adoptées pour les églises.

432. — Sixte III, Italien.

440. — Saint Léon Iᵉʳ, le Grand, assez éloquent pour empêcher, en 452, Attila d'entrer dans Rome, n'est pas aussi heureux avec Genséric, en 455.

461. — Saint Hilaire, Sarde.

468. — Saint Simplicius voit la fin de l'empire Latin, en 476.

483. — Félix II.

492. — Saint Gélan, Africain, convoque, à Rome, le concile dans lequel est dressé le canon des Saintes-Ecritures, en 494.

496. — Anastase II, Romain.

498. — Symmagne, Sarde.

VIᵉ Siècle.

514. — Hormidas (alors les empereurs confirmaient l'élection des papes).

523. — Jean Iᵉʳ, Toscan.

526. — Félix IV.

530. — Boniface II.

533. — Jean II, dit Mercure.

535. — Agapet Iᵉʳ.

536. — Saint Sylvère voit la première institution monastique.

538. — Vigile, Romain.

555. — Pélage Iᵉʳ.

560. — Jean III.

574. — Benoît Iᵉʳ.

578. — Pélage II.

590. — Saint Grégoire Iᵉʳ, le Grand, rend, sous tous les rapports, son pontificat célèbre; sous lui, le chant dit Grégorien est introduit dans les églises.

VIIᵉ Siècle.

604. — Sabinius, règne six mois.

607. — Boniface III meurt la première année œcuménique.

607. — Boniface IV reçoit en don de l'empereur Phocas le Panthéon, qui devient l'église de Sainte-Marie de la Rotonde.

614. — Diodonat Iᵉʳ.

617. — Boniface V, napolitain.

625. — Honorius Iᵉʳ.

640. — Séverin.

642. — Théodore, Grec.

649. — Martin Iᵉʳ, exilé.

655. — Saint Eugène Iᵉʳ.

657. — Vitalien. Sous lui, on introduit le chant des orgues dans les églises. — 660.

672. — Adéodat II.

De J.-C.

676. — Domnus Ier, ou Domus.

679. — Saint Agathon cesse le premier de payer le droit d'élection pontificale aux empereurs.

682. — Saint Léon II, de Cicile, institue l'aspersion de l'eau bénite.

685. — Jean V.

Pierre et Théodore, anti-papes.

686. — Conon.

687. — Sergius Ier s'exile sept ans. Sous lui, s'introduit de la tonsure.

Théodore et Pascal, anti-papes.

VIIIe Siècle.

701. — Jean VI.

705. — Jean VII.

708. — Sinsinnus.

708. — Constantin, Syrien.

715. — Grégoire II, Romain.

731. — Grégoire III, l'ami des pauvres.

741. — Saint Zacharie, Grec. Pépin-le-Bref, qui n'était encore que maire du palais (majordome), lui adresse cette question : Lequel doit porter le titre de roi, celui qui en a le nom sans le pouvoir ni la capacité, ou celui qui en a le pouvoir et la capacité sans le nom. Il répondit : Celui qui en a le pouvoir et la capacité. Zacharie ne pouvait mieux répondre au gré de Pépin (750).

PUISSANCE SPIRITUELLE ET TEMPORELLE.

752. — Etienne II voit désoler l'Italie par l'armée d'Astolphe, roi des Lombards ; Pépin, devenu roi de France, accourt. L'exarchat de Ravenne et plusieurs villes sont prises sur l'ennemi et sont données à Etienne. C'est ici que commence le pouvoir temporel des papes.

755. — Saint Paul Ier.

Trois anti-papes en treize mois.

768. — Etienne III.

772. — Adrien Ier souffre de Didier, roi des Lombards, et en est vengé par Charlemagne.

795. — Léon III, en 799, victime de deux de ses compétiteurs, s'enfuit en France, revient et règne jusqu'à 816. Il reçoit en don la ville et le duché de Rome, en 814, de Louis Ier, roi de France.

816. — Etienne IV.

817. — Saint Pascal Ier reçoit

De J.-C.

en don de Louis-le-Débonnaire les îles de Corse et de Sardaigne.

IXe Siècle.

824. — Eugène II.

827. — Valentin.

828. — Grégoire IV.

844. — Sergius II voit piller les environs de Rome par les Arabes.

847. — Léon IV fait élever près de Rome la ville de Léopolis, qui aujourd'hui est comprise dans les murs de Rome.

855. — Benoît III.

858. — Nicolas-le-Grand.

867. — Adrien II.

872. — Jean VII, que sa faiblesse contre les ennemis temporels et spirituels de l'Église a fait surnommer la papesse Jeanne.

882. — Martin II.

884. — Adrien III.

885. — Étienne V, l'Humain, voit à Rome une horrible peste.

891. — Formose.

896. — Boniface VI.

896. — Étienne VI.

897. — Romain.

898. — Théodore II.

89?. — Jean IX.

Xe Siècle.

900. — Benoît IV.

904. — Léon V.

Christophe, anti-pape.

905. — Sergius III.

911. — Anastase III.

914. — Landon.

915. — Jean X.

928. — Léon VI, Romain.

929. — Étienne VII.

931. — Jean XI.

936. — Léon VII ordonne le célibat aux prêtres.

939. — Étienne VIII.

942. — Martin III.

946. — Agapet II.

955. — Jean XII, élu à 18 ans.

963. — Léon VIII.

964. — Benoît V.

965. — Jean XIII.

972. — Benoît VI.

974. — Domus II, ou Donus.

975. — Benoît VII.

983. — Jean XIV.

Francon, trois fois anti-pape.

985. — Jean XV.

996. — Grégoire V.

Jean XVI, anti-pape.

999. — Sylvestre II, ou Gerbert, Auvergnat, savant du 10e siècle.

XIe Siècle.

1003. — Jean XVII.

1004. — Jean XVIII.

1009. — Sergius IV.

1012. — Benoît VIII extermine les Sarrasins.

5

DE J.-C.

1024. — Jean XIX.

1024. — Benoît IX, élu à 12 ans, est déposé et réélu.

Sylvestre III et Jean XX, anti-papes.

1044. — Grégoire VI abdique (1046).

1046. — Clément II, Saxon.

1048. — Donase.

1049. — Saint Léon IX est fait prisonnier par les Normands ; sous lui éclate le grand schisme des Grecs commencé par Phocius ; l'Église grecque se sépare définitivement de l'Église romaine, 1053.

1055. — Victor II.

1057. — Étienne IX.

Benoît anti-pape.

1158. — Nicolas II.

1061. — Alexandre II.

Honoré II, anti-pape.

Apogée de l'influence politique de la cour de Rome.

1073. — Grégoire III ou Hildebrand : sous lui est introduit le célibat des prêtres, ordonné par Léon VII ; alors le pouvoir des papes, supérieur à celui des rois, se soutient ainsi deux siècles.

Clément III, anti-pape.

1086. — Victor III.

2088. — Urbain II, de Lagny-sur-Marne, prêche la première croisade au concile de Clermont,

1095 ; sous lui la Toscane est jointe aux États de l'Église, par testament de la marquise Mathilde.

Clément III, anti-pape.

1099. — Pascal II.

Albert et Théodore anti-papes.

XIIe Siècle.

1118. — Gélase II, ou Jean de Gaëte.

Maurice Bourdin, anti-pape.

1119. — Calixte II.

1124. — Honoré II.

Calixte III, anti-pape.

1130. — Innocent II condamne la doctrine d'Abeillard et d'Arnauld de Brescia.

Anaclet et Victor, anti-papes.

1142. — Célestin II, Français, ou Gui du Chastel.

1134. — Luce II.

1645. — Eugène III, sous lui la deuxième croisade, 1147.

1153. — Anastase IV.

1154. — Adrien IV.

1159. — Alexandre III.

Victor IV, Pascal III, Calixte et Innocent, anti-papes.

1181. — Luce III.

1185. — Urbain III.

1187. — Grégoire VIII.

1187. — Clément III, sous lui la troisième croisade. 1189, prê-

_{DE J.-C.}

chée par Guillaume, archevêque
de Tyr.

1191. — Célestin III.

1198. — Innocent III est maître absolu à Rome, augmente les
domaines de l'Église, met la
France et l'Angleterre en interdit,
nomme le premier inquisiteur,
1215, sous lui la première croisade contre les Albigeois et la
quatrième contre les Sarrasins,
1202.

XIIIᵉ Siècle.

1216. — Honoré III, sous lui
la cinquième croisade, en 1218,
l'introduction de la confession au-
riculaire, des ordres des Carmé-
lites et des Dominicains.

1227. — Grégoire IX meurt à
100 ans, sous lui la sixième croisade, 1228.

1241. — Célestin IV.

1242. — Innocent IV, sous lui
la septième croisade et l'institution de la Fête-Dieu.

1254. — Alexandre IV établit,
à la prière de Saint-Louis, des in-
quisiteurs en France, 1255, et
voit naître l'ordre des Augustins.

1261. — Urbain IV donne au
duc d'Anjou la couronne de Naples, et institue la fête du Saint-
Sacrement.

126g. — Clément IV signe avec
Saint-Louis la pragmatique sanction, acte qui limite en France
le pouvoir de la cour de Rome,
dressée par des prélats, présidée
par le saint roi. Sous ce pontife,
la huitième et dernière croisade
de 1268 à 1270, sous lui la Sicile
devient un fief romain.

1270. — Grégoire X, sous lui
commence *la décadence politique
du pouvoir des papes*, 1268 à 1270,
par le fait de Rodolphe de Hapsbourg, empereur d'Allemagne.

1276. — Innocent V.

1276. — Adrien.

1276. — Jean XXI, Portugais.

1277. — Nicolas III.

1281, — Martin IV; sous lui
les Vêpres-Siciliennes, 30 mars
1282.

1285. — Homère IV.

1288. — Nicolas IV.

1294. — Célestin V, fondateur
de l'ordre des Célestines.

1294. — Boniface VIII; sous
lui les bulles *Unigenitus et unam
sanctam*. Philippe-le-Bel, roi de
France, résiste aux prétentions
du Saint-Siége.

XIVᵉ Siècle.

1303. — Saint-Benoît XI.

1305. — Clément V transporte
le Saint-Siége à Avignon, convoque pour le procès des Templiers
le concile général de Vienne,

De J.-C.

1310, et en supprime l'ordre le 3 avril 1312, puis ordonne de sévir contre eux.

1316. — Jean XXII, natif de Cahors, est le deuxième pape d'Avignon.

Pierre de Corbière, anti-pape.

1334. — Benoît XII, troisième d'Avignon.

1342. — Clément VI, limousin, réduit le retour périodique du jubilé de 100 ans à 50 ans; sous lui, 1347, est la révolution de Rienzi.

1352. — Innocent VI, cinquième d'Avignon.

1362. — Urbain V, sixième d'Avignon, siége à Rome, de 1367 à sa mort 1370.

1370. — Grégoire XI, septième d'Avignon, siége à Rome de 1377 à sa mort 1378.

1378. — Urbain VI ou Prignan, élu à Rome.

Robert de Genève, ou Clément VII, anti-pape.

Siége à Avignon, de 1378 à 1394.

1389. — Boniface IX, à Rome.

Pierre de Lune, anti-pape à Avignon, de 1374 à 1424.

XVᵉ Siècle.

1404. — Innocent VII, à Rome.

1406. — Grégoire XII, déposé en 1409 à Rome.

1409. — Alexandre V, à Rome.

1410. — Jean XXIII, à Rome, en 1414 le cnocile de Coutances.

1417. — Martin V, à Rome.

Gilles Munos, anti-pape d'Avignon, succède à Pierre de Lune, en 1424, abdique en 1429 et termine par là le schisme anti-papal, ou grand schisme d'Occident, qui divisait l'Église depuis 1378.

2421. — Eugène IV accorde des franchises à l'Église gallicane; sous lui l'inique condamnation à Beauvais de la Pucelle-d'Orléans.

1447. — Nicolas V; sous lui, 1449, concile de Bâle, septième et dernier coup mortel porté au pouvoir politique des pontifes romains.

1445. — Calixte III, ou Alphonse de Borgia, revise le procès de Jeanne-d'Arc et la déclare martyre, 1456.

1458. — Pie II, célèbre cardinal, sous le nom OEmas Silvins.

1464. — Paul II.

2471. — Sixte IV, de la Rovère, voit naître l'ordre des Minimes, 1473, et réduit les jubilés à 25 ans.

1484. — Innocent VIII excommunie le roi de Naples.

1492. — Alexandre VI, ou Borgia, élu en la colère de Dieu.

De J.-C.

XVIe Siècle.

1503. — Pie III.

1503. — Jules II, J. de la Rovère, pape guerrier, reprend la Romagne au duc de Borgia, forme la ligue de Cambrai avec le roi de France, d'Espagne et l'empereur d'Allemagne contre les Vénitiens, 1 08 ; ceux-ci battus, le pape se tourne contre Louis XII, et Bayard le bat à Bologne, à Ravenne, 1511 et 1512, etc....

1518. — Léon X, ou Jean de Médicis, donne son nom à son siècle ; c'est en effet, sous ce pontificat, que sont arrivés les grands événements religieux, politiques, littéraires, scientifiques et artistiques de l'époque. Léon signe avec François Ier, en 1516, le fameux concordat qui a régi l'Église de France pendant trois siècles, fait prêcher des indulgences dans toute la chrétienté, excommunie Luther en 1520, et voit ainsi naître la religion protestante. (*Voyez* page 46.)

1522. — Adrien VI.

1523. — Clément VII, ou Jules de Médicis, est le chef de la sainte ligue ; coalition des princes Italiens, Français et Anglais contre Charles-Quint. Clément excommunie Henri VIII, roi d'Angleterre, 1540 ; là, la cause du schisme qui sépare encore l'Église anglicane de l'église romaine. Clément est battu par Charles V, et Rome est livrée au pillage.

1534. — Paul III, Alexandre Farnèse ; sous lui est fondé l'ordre des Jésuites, et a lieu le concile de Trente, 1545.

1550. — Jules III, Italien.

1555. — Marcel II.

1555. — Paul IV.

1559. — Pie IV fait la guerre aux Turcs, crée l'imprimerie du Vatican.

1566. — Pie V contribue aux frais de l'armement de la flotte victorieuse à Lépante.

1572. — Grégoire XIII, réformateur du calendrier Julien, nommé dès lors calendrier grégorien ; sous ce pontificat a lieu en France l'odieuse Saint-Barthélemy. (V. *Histoire de France.*)

1585. — Sixte V, ou Sixte-Quint, célèbre Peretti, pâtre.

1590. — Urbain VII.

1590. — Grégoire XIV, excommunie Henri IV de France et les Calvinistes.

1591. — Innocent IX.

1592. — Clément VIII condamne les duels, absout Henri IV,

De J.-C.

contribue à la paix de Vervins, 1598.

XVIIe Siècle.

1602. — Léon XI.

1605. — Paul V, ou Camille Borghèse.

1621. — Grégoire XV fonde la propagande.

2623. — Urbain VIII voit condamner Galilée.

1644. — Innocent X dépouille le duc de Parme, condamne les cinq fameuses propositions de Jansénius, 1653.

1655. — Alexandre VII, Chigi.

1665. — Clément IX.

1670. — Clément X.

1676. — Innocent XI s'oppose en vain à la publication des libertés de l'Église gallicane.

1689. — Alexandre VIII publie une bulle contre les quatre articles contenant les libertés de l'Église gallicane, dressé par un conseil de prélats français présidés par Bossuet.

1672. — Innocent XII condamne l'explication des maximes des saints, de Fénelon.

XVIIIe siècle.

1700. — Clément XI, Albain.

1721. — Innocent XIII.

1724. — Benoît XIII.

1730. — Clément XII.

1750. — Benoît XIV, Lémbertini.

1758. — Clément XIII voit les jésuites bannis de France, d'Espagne, de Portugal et de Naples, et fait d'inutiles efforts pour les les soutenir. Il perd la principauté de Bénévent et le comtat d'Avignon, 1768.

1769. — Clément XIV, par sa modération, recouvre Bénévent et Avignon. Après un long et mûr examen abolit l'ordre des jésuites, 1773. (*Voyez* page 47.)

1675. — Pie VI Brachi désapprouve la constitution civile du clergé Français; voit Ancône, Bologno, Urbain et Ferrare passer à la république française, signe la paix, 1797, et paye trente-un millions; puis se voit arraché de Rome et reconduit en France, à Vienne, puis à Valence (Dauphiné), où il y meurt, 1800.

XIXe Siècle.

1800. — Pie VII Chiaramenti, signe avec Napoléon, en 1811, le concordat qui rétablit le culte catholique en France. le sacre à Paris en 1804, puis l'excommunie; alors le pape, pris dans Rome, 17 mai 1809, est dépouillé de toute-puissance temporelle; ses

De J.-C.

États sont joints à la France, et il vient essuyer une dure captivité à Savonne, puis à Fontainebleau, 1812, jusqu'en 1814, époque à laquelle, devenu libre, il retourne à Rome et y donne asile à la famille de Napoléon, son ancien persécuteur, et rétablit l'ordre des jésuites.

1823. — Léon XII della Genga.

1829. — Pie VIII Castiglionne.

1831. — 4 février. — Grégoire XVI, aujourd'hui régnant, est élu pape ; Grégoire ou Maur–Capellari est né à Bellune le 18 septembre 1765.

Aujourd'hui la religion du Christ domine en France, en Espagne, en Italie, en Portugal, dans cinq cantons de la Suisse, en Irlande dans plusieurs contrées de l'Allemagne, d'Asie, d'Afrique et d'Amérique. — Il serait plus facile de dire qu'elle embrasse le globe, car dans son sein se confondent toutes les sectes possibles ; filles d'une même mère plus ou moins méconnue, elles portent sans s'en douter le cachet de la doctrine écrite sur le Mont-Sinaï, dogmes sur lesquels reposent l'édifice et la croyance de l'église catholique, apostolique et romaine.

FIN DE L'HISTOIRE DE L'ÉGLISE.

EUROPE,

PUISSANCES ACTUELLES.

FRANCE.

Son origine franco-gauloise.

Les Francs, hommes libres, germains d'origine, à la suite d'invasions en Gaule, battus près de Mayence en 241, par Aurélien, futur empereur romain, se retirent sur les bords du Weser et sur la rive droite du Rhin, mais en 406 ils suivent le torrent dévastateur. Sous la conduite de Théodemer proclamé chef en 418 [*], de Clodion en 427, sous lequel à la bataille de Lens, (446) ils perdirent tout, mais non l'espoir, en 448, ils élevèrent sur le bouclier Mérovée qui fut ainsi le premier roi franc, lequel uni pour l'instant aux Romains, aux Goths (Wisigoths) et aux Bourguignons, se couvrit de gloire à la journée de Merry-sur-Seine en 451, où

[*] C'est entre Théodemer et Clodion que quelques bons auteurs placent Pharamon (en 420), être dont l'existence est bien douteuse, mais qui, dans tous les cas, ne fut jamais roi comme ils le prétendent.

De J.-C.

il joncha les champs catalauniques ou plaines de Châlons-sur-Marne des Huns commandés par le féroce Attila ; alors la position des Francs devient un peu meilleure, leur spoliation reçut un sorte de légitimité, et le royaume de France, fondé par l'élection de Mérovée en 448, commence à n'être plus un vain titre.

Les Gaulois, vaincus par les Romains en 434 avant Jésus-Christ, voulurent depuis secouer le joug, après une lutte acharnée de huit ans, Jules-César réduisit leur patrie en paisible province romaine, 50 ans avant Jésus-Christ, plus tard et peu à peu, ils s'affranchirent de cette domination puis commencèrent à passer par la force des armes sous celle des Francs en 448, et définitivement vaincus en 508, vainqueurs et vaincus ne font plus qu'un seul peuple.

SES ROIS.

Iʳᵉ Dynastie (mérovingienne), dure 304 ans.

448. — Mérovée, fondateur de la monarchie (*roy. pag.* 25) donne son nom à la première race des rois de France pour récompense de ses hauts faits à la bataille d'Orléans et de Châlons gagnée sur les Huns.

458. — Childéric, terrible séducteur du beau sexe, se voit, pour ce, dépouillé de ses États en 457, qu'il reconquit en 463 par la force des armes, et par la politique de son fidèle ami Guinomand, conseil d'Égidius, roi de pacotille qu'on avait élu à sa place.

481. — Clovis Iᵉʳ est regardé par un grand nombre d'historiens comme le fondateur de la monarchie fran—

çoise, cette opinion sans contredit erronée se fonde sur ce qu'il est véritablement le premier roi de la Gaule conquise, qu'il pose définitivement les bornes du royaume par le fait de ses armes victorieuses (*voy. pag.*26), qu'il porte de Paris jusqu'aux Pyrénées ; qu'il est le premier roi franc qui ait quitté l'arianisme pour embrasser la religion chrétienne.

511. — Childebert est roi de Paris, Clodomir d'Orléans, Clotaire de Soissons, Thierry de Metz (*voy. pag.*26), d'après le partage préalable des États de leur père.

558. — Clotaire Ier le dénaturé, roi de Soissons, réunit les quatre royaumes sous son sceptre, massacre les enfants de Clodomir et fait brûler son fils avec sa femme et ses enfants.

561. — Caribert est roi de Paris, Gontrand d'Orléans, Sigebert de Metz, et Chilpéric de Soissons, par le partage des États de Clotaire.

567. — Chilpéric Ier, après avoir fait étrangler, en 568, Galsuinte, sa femme, sœur de Brunehaut, reine d'Austrasie, à la sollicitation de Frédégonde, épouse cette dernière en 574, qui le fait assassiner par Landri, son amant, en 584.

584. — Clotaire II réunit les quatre royaumes sous son sceptre, et jouit de la paix universelle.

628. — Dagobert Ier fait assassiner Brunulfe, son oncle. Pepin de Lenden, Arnulfe, Ega, maires du palais, contribuent beaucoup à l'éclat de ce règne.

De J.-C.

Rois fainéants sous la férule des Maires du Palais (majordomes).

638. — Clovis II, par la mort de Sigebert, roi de Metz, reste en 650, seul maître du royaume, sous Erchinvald, maire du palais, auquel succède l'ambitieux Ebroin, qui obsède tellement la sage reine Batilde, régente sous les trois règnes suivants, qu'elle se retire dans un couvent.

656. — Clotaire III, meurt en 670, et Thierry est enfermé dans un cloître ainsi qu'Ebroin, par ordre de Saint-Léger, ministre.

671. — Childéric II est assassiné par vengeance personnelle.

674. — Thierry Ier et Ebroin sortent du cloître et sont assassinés en 681.

691. — Clovis III, à Paris, cinquième roi de nom : de fait, Pépin d'Héristal.

695. — Childebert II, sixième roi de nom : de fait, Pépin d'Héristal.

711. — Dagobert II, septième roi de nom : de fait, Pépin d'Héristal.

715. — Chilpéric II, huitième roi de nom : de fait, Charles-Martel.

717. — Clotaire IV, neuvième roi de nom : de fait, Charles-Martel.

719. — Chilpéric II, rappelé, roi de nom : de fait, Charles-Martel.

720. — Thierry II, dixième roi de nom : de fait, Charles-Martel.

Interrègne de 737 à 742.

Le trône, quoique vacant, Charles-Martel continue à gouverner jusqu'à sa mort, arrivée en l'an 741.

742. — Childéric III, dit l'insensé, onzième et dernier roi fainéant, mannequin de Pepin-le-Bref, maire du palais, est nommé, déposé, rasé et finit ses jours dans un cloître en 752. En lui finit la race Mérovingienne. L'abus du pouvoir et la force tenant lieu de bon droit fit de Pepin un roi légitime possesseur du trône reconnu tel par les grands qui le craignaient et par le pape qui avait besoin de lui (*voy. pag.* 64).

IIe Dynastie (Carlovingienne), dure 253 ans.

752. — Mars. — Pepin-le-Bref, fils de Charles-Martel, maire du palais en Neustrie et en Bourgogne en 741, et de toute la France en 747, est proclamé roi, puis sacré à Saint-Denis par le pape Etienne II. Pepin réunit l'Aquitaine à la France, fait la conquête de l'Exarchat de Ravenne et en fait don au pape. Reçoit en présent de l'empereur d'Orient le premier orgue qu'on ait vu en France, et meurt.

768. — 9 octobre. — Charles Ier surnommé le Grand (Magnus) d'où lui vient le nom de Charlemagne, fils aîné de Pepin, partage les Etats de son père avec son frère Carloman qui meurt en 771, et le laisse ainsi seul maître en France. Il prend Pavie en 774, se fait proclamer roi d'Italie, se bat à Roncevaux où Roland son neveu périt, 778. Soumet les Saxons commandés par le

DE J.-C.

célèbre Vitikin, et leur fait embrasser le christianisme. Fait la conquête du pays des Huns 791 et 795, est sacré empereur d'Occident en 800 (*voy. pag.* 30), il transplante cent mille familles saxonnes en Flandre et en Brabant et les Flamands en Saxe, et meurt le 28 janvier 814, à Aix-la-Chapelle, alors capitale de l'empire. Suivant ses capitulaires, ses Etats sont divisés : Bernard, son petit-fils, a l'Italie et la Bavière qui avait été réunie à la couronne le 6 février 787, Louis, son fils et son successeur, à trop juste titre surnommé le Débonnaire, a le reste de l'empire.

814. — 28 janvier. — Louis Ier le Débonnaire, roi de France, empereur d'Occident donne pape en 817 le duché et la ville de Rome. Louis, mauvais oncle, malheureux père, meurt le 20 juin 840.

840. — Charles II le Chauve, roi de France, empereur d'Occident en 875, se bat à Fontenay contre ses frères 842 (*voy pag.* 31), et meurt empoisonné, dit-on, par Sédécias, son médecin.

877. — Louis II le Bègue, pour satisfaire quelques mécontents, démembre ses Etats et fonde ainsi autant de fiefs, 877.

879. — Louis III et Carloman, frères, règnent ensemble.

880. — Louis III et Carloman se partagent l'empire, Louis meurt en 882, âgé de 22 ans.

882. — Carloman, héritier de son frère, gouverne tout l'empire, et meurt en 884.

884. — Charles III le Gros, empereur d'Allemagne, est élu roi de France, et est déposé pour avoir acheté la

De J.C.

paix des Normands. Charles, bon, juste et dévôt, mais sans énergie, meurt le 12 janvier 888.

887. — Eudes, qui défend si bien les Parisiens contre les Normands, est élu roi.

893. — Charles III le Simple, reconnu roi, ne l'est un peu qu'en 876, tout à fait en 891. Il donne sa fille et une partie de la Neustrie à Rolon, chef des Normands (*voy. pag.* 31), et est déposé en 922, il meurt en 929.

922. — Robert Ier, frère d'Eudes, est élu roi, est tué par Charles-le-Simple à la bataille de Soissons.

923. — Raoul usurpe le trône à Charles-le-Simple, tenu renfermé dans la tour de Péronne, et meurt le 15 janvier 936.

936. — Louis IV d'Outre-mer, fils de Charles-le-Simple, revient en Angleterre, et est le jouet de l'ambition des grands, il meurt d'une chute de cheval.

954. — Lothaire donne l'Aquitaine et la Bourgogne à Hugues-le-Grand, bat l'armée d'Othon II, allié de Charles de Loraine, et meurt, dit-on, empoisonné par sa femme.

986. — Louis V, à tort surnommé le Fainéant, se bat vaillamment à Rheims et contre les Sarrasins, meurt en 997, âgé de 20 ans, peut-être empoisonné par Blanche, sa femme.

En lui finit la race ou dynastie dite carlovingienne.

IIIe Dynastie (Capétienne), aujourd'hui régnante.

SOECHE : Capet, proprement dit, dure 341 ans.

987. — Hugues Capet, fils de Hugues-le-Grand, est

DE J.-C.

élu roi de France à Noyon, et est sacré le 3 juillet, il fait prisonnier Charles de Loraine en 991 ; sous lui Paris redevient la capitale du royaume, elle ne l'était plus depuis environ trois siècles.

996. — Robert II le Pieux (*voy. pag.* 33), sous lui la Bourgogne revient à la couronne en 1015.

1031. — Henri Ier garde par la force des armes la couronne que veut injustement lui ravir sa mère, aidée de Robert-le-Diable ou le magnifique, duc de Normandie, et meurt en 1060.

1060. — Philippe Ier, âgé de 6 ans, succède à son père sous la sage régence de Baudoin V, comte de Flandre, et est excommunié pour avoir renvoyé Berthe et pris Bertrade, comtesse d'Anjou ; alors il la renvoie et l'excommunication est levée, puis il reprend Bertrade. Il en fut ainsi un grand nombre de fois, enfin ce furent les papes qui se lassèrent les premiers.

1108. — Louis VI le Gros ou le Batailleur, a divers démêlés avec les seigneurs français, avec l'Angleterre, avec l'Allemagne en 1124. C'est dans cette guerre que paraît pour la première fois l'oriflamme ; Louis favorise l'institution des communes.

1137. — Louis VII le Jeune fait la guerre à Thibault, comte de Champagne, brûle 1,300 personnes renfermées dans une église de Vitry-le-Français, va à la 2me Croisade, répudie Éléonore en 1152, laquelle reprend sa dot : la Guienne, le Poitou et le Limousin qui est portée à Henri II, comte d'Anjou et du Maine, et roi d'Angleterre.

1180. — 18 septembre. — Philippe II, Auguste,

chasse et rappelle les Juifs, lève la dîme Saladine, part pour la 3me Croisade, se prépare avec une flotte de 1,700 voiles à conquérir l'Angleterre, laquelle ne doit son salut qu'à la ruse du légat du pape. Il gagne en 1214 la bataille de Bouvines, sur Ferrand, comte de Flandre, il fit bâtir les halles et paver une partie de Paris, et meurt le 14 juillet 1223.

1223. — Louis VIII Cœur-de-Lion prend le Périgord, le Limousin, le Poitou, l'Aunis aux Anglais, malgré l'excommunication lancée contre lui par le pape, soumet sous les Albigeois une grande partie du Languedoc en 1225, et meurt en 1226.

1226. — 8 novembre. — Louis IX le Saint, fils de Louis VIII; Blanche de Castille sa mère a la régence pendant sa minorité, et gouverne avec sagesse; Louis majeur en 1236, bat les Anglais à Taillebourg et à Saintes en 1239, part pour la Palestine en 1240 (4me Croisade); prend Damiette (Égypte) en 1249, est vaincu et fait prisonnier à Magourah en 1250, pour sa liberté rend Damiette et donne 7 millions, revient en Palestine prend Tyr et Césarée; arrive à Paris le 7 septembre 1254; rend aux Anglais la Guienne, le Quercy, le Limousin et une partie de la Saintonge en 1259, signe avec le pape la pragmatique sanction abolie, guerre privée, combats judiciaires et abus de toutes sortes, crée le titre d'amiral, les notaires royaux en 1270, affranchit les communes, fonde les Quinze-Vingt, châtie les Albigeois; son frère Charles soumet la Sicile et tue Mainfroi aux plaines du Champ-Fleury le 26 février 1265.

Louis repart pour la Terre-Sainte en 1270 (5me Croi-

DE J.-C.

sade), débarque près de Tunis et y meurt victime, ainsi que la moitié de son armée, d'une horrible peste, il est canonisé en 1397, sa fête est le 25 août.

1270. — Philippe III le Hardi, fils de Saint-Louis, signe une trêve de 10 ans avec le roi de Tunis, arrive à Paris le 21 mai 1271, le lendemain il porte sur ses épaules ses os de son père à Saint-Denis, ordonne le supplice de Labrosse, apprend le massacre des Français surpris, vainqueurs sous Charles d'Anjou, des Siciliens, et meurt à Perpignan le 5 octobre 1285.

1285. — 6 octobre. — Philippe IV le Bel reçoit hommage d'Édouard Ier, roi d'Angleterre. En 1293, Philippe lui saisit ses terres de France et s'en empare, il ordonne l'affreux supplice des Templiers. Jacques de Molay, grand-maître et Gui, dauphin d'Auvergne, sont brûlés vifs. Philippe meurt le 28 novembre 1315.

1315. — 29 novembre. — Louis X le Hutin, fils de Philippe-le-Bel, roi de France succède à son père, il était roi de Navarre par Jeanne sa mère depuis 1307. Louis, pour réduire les mutins, fait de l'argent en vendant l'affranchissement à ses serfs, en vendant aux Juifs la permission de rentrer en France, en accablant ses peuples d'impôts, il meurt le 8 juillet 1316.

Du 8 juillet 1316 au 15 novembre suivant, régence de Philippe, comte de Poitiers, en attendant les couches de la reine, veuve de Louis X.

1316. — Jean Ier, fils posthume de Louis X, né le 15 novembre 1316, meurt le 20 du même mois.

1316. — Philippe V le Long, comte de Poitiers, devient roi de France et de Navarre par la mort de son

6

neveu, voit sévir contre les Albigeois, les Vaudois, les Bégouins, les Pastoureaux, il bannit les Juifs et les Lépreux; et meurt le 3 janvier 1322. Sous Philippe existait une société de Galois et Galoises qui, pour se prouver leur amour, se laissaient mourir de froid ou de chaud.

1322. — 3 janvier. — Charles IV le Bel, roi de France et de Navarre, prend et rase le château de Montpezat à trois lieues d'Agen, est vainqueur dans la guerre des Bâtards, et meurt laissant la reine enceinte. Sous lui furent institués les jeux floraux de Toulouse, en lui finit la ligne directe des Capets proprement dits.

Iʳᵉ BRANCHE (VALOIS), DURE 170 ANS.

1328. — Philippe VI de Valois, le Fortuné, nommé régent à la mort de son cousin Charles IV; la reine veuve ayant accouché d'une fille le 1ᵉʳ avril suivant, il est reconnu roi malgré les prétentions qu'élève Édouard III d'Angleterre; il prend et rase Castel la même année, puis reçoit hommage d'Édouard III, le 16 juin 1829. Il allait partir pour la Terre-Sainte lorsqu'il fut attaqué par Édouard III, qui prend le titre de roi de France, et unit ainsi les lys à ses léopards. Philippe perd le combat naval de l'Écluse en 1340, et la fatale bataille de Créci en 1346, la ville de Calais en 1347, 4 août, meurt le 21 août 1350.

1350. — 22 août. — Jean II le Bon, fait décapiter le connétable Raoul de Nesle, 19 novembre 1350, fait prisonnier Charles-le-Mauvais, roi de Navarre en 1356. Perd la désastreuse bataille de Maupertuis, à deux lieues

De J.-C.

de Poitiers, et y est fait prisonnier par son courage. Édouard III, roi d'Angleterre, après quelques démonstrations hostiles, lui donne la liberté par le traité de Brétigny en 1360. En 1364, le roi Jean II retourne à Londres, nul n'en sait le motif, et y meurt le 8 avril 1864 ; sous lui finit la guerre des paysans dite la Jacquerie.

1364. — 8 avril. — Charles V le Sage, fait la paix avec le roi de Navarre, battu par Bertrand Duguesclin, lequel après la victoire de Cocherel en 1364, emmène les troupes dites les grandes compagnies, à Henri de Transtamare, demi-frère de Pierre-le-Cruel, roi de Castille ; Duguesclin ruine les Anglais en France par la défaite de Pembrock. Charles V déclare les rois majeurs à 14 ans, août 1374, et meurt en 1380 des suites du poison que lui avait fait prendre le roi de Navarre.

1380. — 16 septembre. — Charles VI le Fou, succède à son père sous la tutelle de son oncle le duc d'Anjou, lequel s'approprie 17 millions d'épargne que Charles V avait cachés dans un mur du château de Melun, Charles gagne sur les Flamands la bataille de Boubecq en 1382, punit les Maillotins et épouse Isabeau de Bavière, 17 juillet 1385, prépare l'année suivante un passage en Angleterre par un pont-volant de Calais à Douvres. En 1392, il tombe en démence, il en guérit ; mais a depuis de fréquentes rechutes. En 1394, il bannit les Juifs à perpétuité, signe avec Richard II, roi d'Angleterre, une trève de 28 ans, 1375 ; perd contre Bajazet la journée de Nicopolis, la fleur de la noblesse française, sur 10.000 hommes 25 survivent ; le duc d'Or-

DE J.-C.

léans, chef des Armagnacs, est assassiné en 1407, par Jean-sans-Peur, duc des Bourguignons, lui-même assassiné en 1419. Charles VI, en 1420, signe le déplorable traité de Troyes, avec Henri V, roi de d'Angleterre, et meurt misérable, laissant deux cours (Paris, Poitiers), deux rois, deux reines, deux régents, deux parlements, régir la France.

1422. — 27 octobre. — Charles VII, le Victorieux, succède à Charles VI ; perd, en 1424, la bataille de Verneuil ; s'unit au comte de Richemont et au duc de Bretagne, en 1425. Gagne sur les Anglais la journée des Harengs, 18 février 1429. Reçoit à Chinon Jeanne-d'Arc, qui fait lever aux Anglais le siége d'Orléans, les bat en plusieurs rencontres, et fait sacrer le roi à Reims, 17 juillet 1429 ; puis, faite prisonnière, elle est brûlée vive à Rouen, 1431. Ce roi ingrat ne met également aucune opposition au jugement qui condamne Jacques Cœur, son fidèle argentier. Charles, craignant d'être empoisonné, refuse de prendre aucune nourriture et meurt, 1461.

1461. — 22 juillet. — Louis XI, le Dissimulé, succède à Charles VII, son père ; accable le peuple d'impôts. Olivier-le-Daim, son barbier ; Tristan, son compère, et autres... ont les hauts emplois. La ligue du bien public paraît, 1465 ; Louis la dissout par des promesses qu'il trahit aussitôt. En 1468, il est fait prisonnier à Péronne ; revient libre à Paris moyennant la Champagne et la Brie qu'il cède à Charles-le-Téméraire ; fait enfermer à Loches le cardinal Labalue, son ministre, dans une cage de fer ; rompt la coalisation bourguignonne, bretonne

De J.-C.

et anglaise, par le traité de Péguigni en 1475 ; prend la
Picardie, l'Artois, la Bourgogne, la Provence, l'Anjou,
le Maine ; relève l'autorité royale, institue les postes,
favorise la première imprimerie et meurt ; ce prince fut
perfide, cruel, superstitieux, défiant.

1483. — 30 août. — Charles VIII, l'Affable, succède
à Louis XI, son père ; épouse Anne de Bretagne, en
1491 ; rend bénévolement à Ferdinand, roi de Castille,
la Cerdagne et le Roussillon, qu'il tenait engagés pour
une somme de 300,000 écus d'or prêtés par son père à
Jean II, roi d'Aragon ; prodigue l'or à l'Angleterre, pour
acheter une paix qu'elle n'était point envieuse de rom-
pre ; part pour la conquête du royaume de Naples ; entre
à Rome le 31 décembre 1494 ; signe un traité avec le
trop célèbre Alexandre VI, et est couronné à Naples
avec pompe, le 21 mai suivant. Gagne, en 1495, la bataille de Fornoue ; arrive en France, et meurt sans postérité.

IIᵉ BRANCHE (ORLÉANS). DURE 7 ANS.

Issue de Louis, duc d'Orléans, frère de Charles VI.

1498. — 7 avril. — Louis XII, le Père du peuple.
N'étant encore que duc d'Orléans, Louis avait disputé
vivement, sous la minorité de Charles VIII, la régence
à Anne de Beaujeu, mais toujours déjoué, est enfin
vaincu et fait prisonnier, le 28 juillet 1488. Il dut sa
liberté au dévouement de Jeanne, sa femme ; il jura
fidélité au généreux Charles VIII, son cousin, auquel il
succéda, en 1498. Le premier acte royal de Louis XII

De J.C.

est son divorce avec Jeanne, son mariage avec Anne de Bretagne, veuve de Charles VIII. Il pardonne à ses anciens ennemis, s'empare du Milanais, renonce au royaume de Naples, fait la guerre d'abord comme allié de Jules II, pape guerrier, et de Ferdinand-le-Catholique, avec lequel il fait, au profit de ce dernier, la conquête de Naples, bat les ennemis communs en plusieurs rencontres, et, trahi par ses alliés, est battu à la journée des Éperons (1513). Offre la paix, épouse Marie d'Angleterre et meurt sans postérité, regretté de tous. Sous lui le brave La Palice, Bayard, le cardinal d'Amboise.

IIIᵉ BRANCHE (ORLÉANS-ANGOULÊME), DURE 74 ANS.

Issue de Charles, comte d'Angoulème, deuxième fils de Louis, duc d'Orléans, frère de Charles VI.

1515. — 1ᵉʳ janvier. — François Iᵉᵈ, le Père des lettres, succède, comme plus proche parent, à Louis XII; gagne cette même année la bataille de Marignan sur les Suisses, défenseurs du Milanais, dont il s'empare sans coup férir, est fait prisonnier à Pavie, le 14 février 1525, par Charles-Quint, recouvre la liberté par le dur traité de Madrid (14 janvier 1526), et épouse la sœur de ce prince, auquel il laisse, en 1540, traverser ses états, et en est encore dupe. En 1544, François gagne la bataille de Cérisoles, et le traître Vervin livre Boulogne aux Anglais. Plusieurs villes sont livrées aux flammes par arrêt du parlement d'Aix, pour cause de religion. François

De J.-C.

meurt (31 mai 1547). Sous ce règne protecteur des sciences et des arts est fondée l'imprimerie royale.

1547. — 31 mars. — Henri II, fils de François Ier, se fait rendre Boulogne par les Anglais, en 1550, moyennant 400,000 écus; reprend, en 1558, sur les mêmes, la ville de Calais, qu'ils avaient depuis cent vingt ans; battit les Espagnols et conclut avec eux une paix dite la paix malheureuse. Diverses guerres et traités se succèdent. Henri, blessé à l'œil droit par un éclat de lance du comte de Montgommeri, meurt laissant dix enfants de Catherine de Médicis, sa femme. Une de ses maîtresses est la célèbre Diane de Poitiers.

1559. — 10 juillet. — François II succède à son père Henri II. François n'ayant encore que 16 ans lorsqu'il monta sur le trône, la reine-mère Catherine de Médicis et les Guises s'emparent du pouvoir, et tout le haut personnel précédent est changé : alors, comme on pense, grand nombre de mécontents et de prétendants. Ailleurs chercherait-on vainement la première étincelle de ce feu qui devait bientôt embraser la France sous le nom emprunté de guerre de religion. Dès 1560 vient la conjuration d'Amboise, l'établissement de la chambre ardente, la mort non naturelle de François II, et l'apparition du fanatisme, aux dégoûtantes serres de mort, font pressentir l'horreur du règne suivant et les tourmentes des règnes futurs jusqu'en 1593.

1560. — 5 décembre. — Charles IX, fils de Henri II et de Catherine de Médicis, succède à son frère François II. Des guerres intestines, des massacres et des simulacres de paix entre les catholiques et les protestants,

autrement dits huguenots, calvinistes, remplissent ce
règne ; savoir : colloque de Poissy (9 septembre 1561),
massacre de Vassi et ses suites (26 octobre 1562), prise
de Rouen sur les calvinistes, bataille de Dreux, siége
d'Orléans (1563), enlèvement manqué du roi (1567),
bataille de Saint-Denis (10 novembre), de Jarnac (1569),
de Moncontour, paix de 1570, et un 24 août 1572 voit
venir la nuit qui devait cacher de son voile de deuil le
sang de 70,000 victimes, soit, 60,000 en province ;
10,000 à Paris, où à deux seuls et inoffensifs calvinistes
il fut permis de vivre. La Saint-Barthélemy rend furieux
le restant du parti huguenot, qui s'empare du Poitou, du
Berry, de l'Aunis, du Languedoc, et fait de la Rochelle
sa place d'armes. En 1574, un troisième parti de mécontents se forme sous le nom de politique. Enfin, Charles IX, le meilleur poëte de son temps, meurt à 24 ans,
en proie à d'épouvantables visions. Sous lui est commencé, par sa mère, le palais des Tuileries, en 1564.

1574. — 31 mai. — Henri III, quatrième fils de
Henri II, élu roi de Pologne (1573), succède à son frère
Charles IX au trône de France, divisé alors en trois
factions. savoir :

1° Les catholiques modérés, qui ont pour chef le duc
d'Alençon, frère de Henri II.

2° Les catholiques fanatiques, qui ont pour chef le duc
de Guise, auteur de la ligue, assassiné en 1588.

3° Les protestants, qui ont pour chefs le prince de
Condé et Henri de Navarre, devenu Henri IV.

Henri III est assassiné par Jacques Clément, le 2 août

DE J.-C.

1589, au siége de Paris. Sous lui les favoris nommés Mignons. Henri est le dernier des Valois.

IVe BRANCHE (BOURBONS), Ire FOIS, DURE 203 ANS.

Issue de Robert de France, comte de Clermont, sixième fils de Saint-Louis.

1589. — 3 août. — Henri IV, héritier légitime du trône par droit de naissance et par droit de conquête, abjure le calvinisme, en 1593 : alors Paris acheté ouvre ses portes au vaillant et généreux monarque ; la paix est rétablie, et le fameux édit de Nantes vient la cimenter. Henri s'occupe activement, avec le brave Sully, de guérir les plaies laissées par les guerres de religion, et combine un vaste projet, mais l'enfer vomit un monstre, Ravaillac paraît, et ce roi, surnommé par la postérité le bon Henri, meurt à Paris, victime du sixième assassinat qu'on tente sur sa personne, le 14 mai 1610, à quatre heures du soir (rue de la Ferronnerie).

1610. — 14 mai. — Louis XIII, le Juste, fils d'Henri IV, est mis sous la régence de Marie de Médicis, sa mère ; devenu roi à 14 ans, il fait assassiner Concini, maréchal d'Ancre, favori de la reine et son ministre (1617). Le fameux cardinal de Richelieu devient son ministre et son maître (1623). La prise de La Rochelle, sur les protestants (1629). Divers démêlés avec les peuples continentaux de l'Europe ; quelques exécutions d'ambitieux déjoués ; la mort de Richelieu (1642) ; celle du roi, en

DE J.-C.

1643 , termine ce règne. Louis laisse pour lui succéder un fils âgé de cinq ans.

1643. — 14 mai. — Louis XIV, le Grand, fils de Louis XIII est mis sous la tutelle d'Anne d'Autriche, reine-mère, laquelle eut Mazarin pour ministre jusqu'en 1662. Alors gouverne Louis XIV; les 72 ans de ce règne sont un tissu de succès et de revers dans les guerres qu'il eut à soutenir. Les plus célèbres sont : 1° Celle de la Fronde, guerre ridicule de courtisans, qui divise les grands en deux partis, et qui dure 3 ans, le feu de la discorde étant toujours attisé par le cardinal de Reez, coadjuteur de Paris ; 2° La guerre de la succession qui tendait à soutenir sur le trône d'Espagne le duc d'Anjou, autrement dit Philippe V, contre le gré des puissances européennes ; la prise de la Franche-Comté, le passage du Rhin, le bombardement d'Alger, 1680, la révocation de l'élit de Nantes, 1685. Voici sur mille faits ceux qui sont les principaux; sous ce roi, règne des grands hommes, ce sont : les Condés, Turenne, Vauban, Duquesne, les Mazarins, Colbert, Louvois, les Bossuet, Fénelon, Boileau, La Fontaine, Molière, Racine, Corneille frères, les Lesueur, Lebrun, Girardon, Pujet et Perrault. Ce grand-roi, qui a donné son nom au siècle dans lequel il a vécu, eut toutes les qualités, peut-être aima-t-il trop la guerre et les plaisirs. Madame de la Vallière fut sa favorite, mademoiselle de Fontange, madame de Montespan, furent ses maîtresses, madame de Maintenon, sa femme secrète.

1715. — 1er septembre. — Louis XV, le Bien-Aimé, arrière petit-fils, lui succède, n'étant âgé que

DE J.-C.

de 5 ans ; Louis passe sous la tutelle du duc d'Orléans, qui, par surprise, obtient la régence, laquelle n'est que corruption et agiotage de 1715 à 1723. Fleury, précepteur du roi, devient son ministre en 1727. Louis, roi vaillant, soutient diverses querelles, tente, mais en vain, de faire remonter son beau-père Stanislas Leczinska sur le trône de Pologne, soutient la guerre de sept ans, de 1756 à 1763, guerre européenne dans laquelle la France perdit toutes ses possessions franco-indiennes, et laisse se fondre, sur les débris de l'empire du grand Mogol, le vaste empire Anglo-Indien, cette guerre malheureuse finit par le traité de Paris, 1763. Le Canada, la Nouvelle-Écosse sont cédés à l'Angleterre, puis vient la suppression des Jésuites, l'abolition du Parlement et la mort du roi, 14 mai 1774, après un règne de 58 ans. Louis eut pour maîtresse madame de Pompadour et la Dubarry, le désordre de la cour, dans les finances comme dans les mœurs, à la fin de ce règne contribue à amasser l'orage qui va éclater sous le règne suivant.

1774. — 14 mai. — Louis XVI, le Martyr, petit-fils de Louis XV, commence son règne par de sages ordonnances, donne les premiers emplois aux hommes les plus capables de son royaume, établit le Mont-de-Piété, reconnaît l'indépendance des colonies Anglo-Américaines (États-Unis) contre l'Angleterre, 6 février 1778. La France, endettée par les règnes précédents, est aux abois, Louis convoque l'assemblée des notables, 22 février 1787 et 6 novembre 1788, lesquels ne décident rien, alors les États généraux furent appelés, 5.

De J.-C.

mai 1789. La fermentation de cette assemblée fait éclater la révolution, 17 juin, le peuple s'empare de la Bastille, 14 juillet, puis va à Versailles sommer le roi de rester à Paris, 5 et 6 octobre. Louis, dès ce moment, veut fuir, mais il est pris à Varennes, 21 juin 1791 ; puis après s'être prêté et refusé à quelques ridicules fantaisies, après les journées du 20 juin et 10 août 1792 ; la royauté est abolie et la république proclamée. Enfin, après un simulacre de procès, Louis, le meilleur des princes, et sans nul contredit celui de nos rois qui aima le mieux ses sujets, est condamné à la majorité d'une voix (si on en exempte 26 qui votèrent la mort avec un sursis indéterminé), à porter sa tête sur l'échafaud révolutionnaire, 18 janvier 1793, et exécuté le 21, à l'âge de 38 ans.

1793. — 21 janvier. — Louis XVII, roi de nom, 2me fils de Louis XVI et de Marie-Antoinette d'Autriche, enfermé avec sa famille dans la tour du Temple, 13 août 92, est reconnu roi à la mort de son père par la Vendée, la Bretagne, Toulon, l'Angleterre, la Russie ; mais ce vain titre dure peu, car cette innocente victime, en butte à mille atrocités plus dégoûtantes les unes que les autres, meurt, dit-on, à la tour du Temple, le 8 juin 1795, âgé de 10 ans et 2 mois.

RÉVOLUTION DITE DE 89.

15 ans 10 jours.

Les esprits poussés à la révolte par les publicistes et les encyclopédistes qui soutenaient le droit de la sou-

De J.-C.

veraineté du peuple, le retour des troupes qui venaient de donner la liberté et l'indépendance aux États-Unis, le chiffre exorbitant des dettes de l'État, et ses coffres vides, la convocation des États généraux terminent cette œuvre commencée par tant de têtes égarées qui étaient loin de prévoir l'effrayante rapidité de cet incendie que le sang de plusieurs millions d'hommes ne peut à peine éteindre; eux-mêmes sont enveloppés dans ces flammes dont naguère ils jouaient avec la première étincelle.

Deux Époques principales divisent la Révolution.

Iʳᵉ Époque. — De l'ouverture des États généraux à la proclamation de la République.

IIᵉ Époque. — De la naissance de la république à la fondation de l'empire.

Iʳᵉ ÉPOQUE,

Dure 3 ans 4 mois 17 jours.

1789. — 5 mai. — Ouverture des États généraux, serment du jeu de paume (20 juin), constituante (27 juin), le roi reçoit la cocarde tricolore (17 juillet), abolition des droits féodaux, liberté de la presse, et religieuse (4 août), division de la France en quatre-vingt-trois départements (février 1798), suppression des ordres religieux, fête de la Fédération (14 juillet), création des assignats et disparition du numéraire (8 mars 91), suppression de la noblesse (20 juin). Les Jacobins prennent le nom de Sans-Culottes (17 juillet), camp de Maubeuge (1er août), fin de la constituante (30 septembre), législative (1er octobre), serments exigés des prêtres (27 décembre). Une armée d'émigrés forte de 20,000 hommes, commandée par les princes et composée de grands seigneurs portant le havre-sac du soldat, s'avance en France pour soutenir la monarchie défaillante (1er janvier 92), séquestration des biens des émigrés (22 février), mort de Mirabeau (2 avril), première hostilité des puissances étrangères, déchéance du roi (10 août), et massacre des Suisses inoffensifs, restés fidèles au roi. Neuf mille prisonniers sont égorgés dans les prisons de Paris, comme suspects à la révolution (2, 3, 4 et 5 septembre), installation de la convention nationale (20 septembre), abolition de la royauté (21 septembre), république proclamée (22 septembre 1792).

IIe ÉPOQUE,

DE LA NAISSANCE DE LA RÉPUBLIQUE A LA FONDATION DE L'EMPIRE,

11 ans 7 mois 23 jours.

SUBDIVISIONS.

Convention. — Directoire. — Consulat.

Convention.

1792. — 22 septembre. — République proclamée, réunion de la Savoie à la république (28 septembre), de la Belgique (3 décembre), mort de Louis XVI décrétée (18 janvier 93), il est exécuté le 21, principauté de Monaco réunie à la France (15 février), établisse-

ÈRE RÉPUBLICAINE

COMPARÉE À L'ÈRE GRÉGORIENNE, PENDANT LES TREIZE ANNÉES QUE LA PREMIÈRE A VÉCU,

SAVOIR : DU 22 SEPTEMBRE 1792 AU 13 SEPTEMBRE 1805.

L'année républicaine fut divisée en 12 mois de 30 jours fixes ; puis viennent pour compléter l'année commune, 5 jours nommés sans culotides, plus tard jours complémentaires. Enfin, un 6ᵉ jour, nommé jour de la Révolution, fut ajouté à l'an III, VII et IX, pour faire coïncider l'année civile avec l'année céleste, qui avait ces années-là 366 jours, les autres étaient de 365 jours.

COMMENCEMENT, FIN ET CONCORDANCE DES ANS RÉPUBLICAINS.

An Iᵉʳ de la rép.	II	III	VI	III	VII	VIII	IX	X	XIII	IV	XI	XII
1792-1793	1793-1794	1796-1797	1797-1798	1794-1795	1798-1799	1799-1800	1800-1802	1801-1302	1804-1805	1797-1796	1802-1803	1303-1304

Comprend du 22 sept. inclusiv. au 21 sept. suivant inclusiv. ‖ du 22 sept. au 22 sept. suiv. | du 23 sept. au 22 sept. suivant toujours inclusivement. ‖ du 23 au 21. ‖ du 23 au 23. ‖ du 24 au 22

COMMENCEMENT, FIN ET CONCORDANCE DES MOIS RÉPUBLICAINS.

Automne.

VENDÉMIAIRE, an I, II, III, V, VI, VII, comprend du 22 sept. incl. au 21 oct. inclusiv.	An IV, VIII, IX, X, XI, XIII, du 22 sep. inc. au 22 oc.	An XII du 24 sept. incl. au 25 oct, inclus.
BRUMAIRE, an I, II, III, V, VI, VII, id. du 22 oct. » au 20 nov. id.	An IV, VIII, IX, X, XI, XIII, du 23 oct. » au 22 n.	An XII du 24 oct. » au 22 nov. »
FRIMAIRE, an I, II, III, V, VI, VII, id. du 21 nov. » au 20 déc. id.	Au IV, VIII, IX, X, XI, XIII, du 22 nov. » au 21 dé.	An XII du 23 nov. » au 22 déc. »

Hiver.

NIVÔSE, an I, II, III, V, VI, VII, id. du 21 déc. » au 19 janv. id.	An IV, VIII, IX, X, XI, XIII, du 22 déc. » au 20 jan.	An XII du 22 déc. incl. au 20 janv. incl.
PLUVIÔSE, an I, II, III, V, VI, VII, id. du 20 janv. » au 18 févr. id.	An IV, VIII, IX, X, XI, XIII, du 21 janv. » au 18 fév.	An XII du 21 janv. » au 19 févr. »
VENTÔSE, au I, II, III, V, VI, VII, id. du 19 févr. » au 20 mars id.	Au IV du 20 fé. au 20 m. An VIII, IX, X, XI, XIII du 20 fé. au 24 m. ‖ An XIII du 21 | incl. au 21 m.	

Printemps.

GERMINAL, an I, II, III, IV, V, VI, VII, id. du 21 mars » au 19 avril id.	An VIII, IX, X, XI, XII, XIII, comprend du 22 mars inclusivement au 20 avril inclusivement.	
FLORÉAL, au I, II, III, IV, V, VI, VII, id. du 20 avril » au 19 mai id.	An VIII, IX, X, XI, XII, XIII, id. du 21 avril » au 20 mai »	
PRAIRIAL, au I, II, III, IV, V, VI, VII, id. du 20 mai » au 18 juin id.	An VIII, IX, X, XI, XII, XIII, id. du 21 mai » au 19 juin »	

Été.

MESSIDOR, au I, II, III, IV, V, VI, VII, id. du 19 juin » au 18 juillet id.	An VIII, IX, X, XI, XII, XIII, id. du 20 juin » au 19 juillet »	
THERMIDOR, au I, II, III, IV, V, VI, VII, id. du 19 juillet » au 17 août id.	An VIII, IX, X, XI, XII, XIII, id. du 20 juillet » au 18 août »	
FRUCTIDOR, an I, II, III, IV, V, VI, VII, id. du 18 août » au 16 sept. id.	An VIII, IX, X, XI, XII, XIII, id. du 19 août » au 17 septemb. »	

Après ces données, chercher le quantième d'une ère qui correspond à l'autre, n'est plus un travail, mais un amusement. — EXEMPLE, on veut savoir :

1° Quel quantième du Calendrier républicain tombait le 7 mai 1795. — Voyant ci-dessus que cette date correspond à floréal (an III), lequel mois a commencé le 20 avril, qui ne porte que 30. — Vous dites, du 20 avril inclusivement au 30 avril inclusivement, 11 jours, plus les 7 jours de mai font 18 jours ; donc le 7 mai 1795 tombe le 18 floréal (an III) de la république.

2° Quel quantième du Calendrier grégorien tombait le 26 nivôse (an X). — Voyant ci-dessus que cette date correspond à janvier 1802, que nivôse a commencé cette année là (an X), le 22 décembre, qui porte 31. — Vous dites, du 22 décembre inclusivement au 31 décembre inclusivement, 10 jours pour aller à 26, reste 16.. Donc le 26 nivôse (an X) tombait le 16 janvier 1802.

Pour que mon travail soit complet, il me reste à dire que les mois républicains furent divisés en trois parties que l'on nomme décades. — Les dix jours composant chaque décade furent appelés : *primidi*, *décadi*, *tridi*, *quartidi*, *quintidi*, *sextidi*, *septidi*, *octidi*, *nonidi*, *décadi*, jour férié.

Napoléon rétablit le Calendrier grégorien le 13 septembre 1805. — 26 fructidor an XIII.

DE J.-C.

ment des comités révolutionnaires (21 mars), installation du tribunal révolutionnaire (28), création du comité du salut public (6 avril), Robespierre et Danton, Marat et Philippe-Égalité, sont autant de tyrans qui se disputent les lambeaux ensanglantés du pouvoir, pour régner par le régime de la terreur.

Sous la Convention la terreur dure 14 mois.

1793. — 31 mai. — Assassinat de Marat par Charlotte Corday (13 juillet), Toulon est livré aux Anglais (27 juillet 93), le calendrier grégorien est remplacé par un nouveau dit républicain *, datant du vingt-deux septembre mil sept cent quatre-vingt-douze à minuit. Lyon (6 octobre 1793) veut s'opposer au torrent révolutionnaire, mais est vaincu après 70 jours de siége où périt 6,000 personnes (9 octobre), exécution de Marie-Antoinette reine de France, 16 octobre; de Philippe-Égalité, 6 novembre. Toulon revient à la France et 6,000 familles françaises fuyant avec les Anglais sont mitraillées en mer et y périssent, 20 décembre. La France arbore le pavillon tricolore pour la première fois, tel qu'il est aujourd'hui, 15 février 94. Exécution des fermiers généraux et de Lavoisier, d'Elizabeth, sœur de Louis XVI, 10 mai 94; Et enfin les

* Pour éviter des calculs souvent infructueux et toujours bien minutieux de concordance de dates que toute personne peut être journellement obligée de faire, je donne ci-joint le quantième fixe du Calendrier grégorien qui commence et finit chaque an, et chaque mois républicain, pour toute la durée de l'ère.

DE J. C.

noyades de Nantes, les mariages républicains et mille autres horreurs trop pénibles à décrire pour un Français, remplissent cette époque si déchirante de souvenir, laquelle finit à l'exécution de Robespierre et de ses infâmes satellites et collègues, 10 thermidor, an II.

FIN DE LA CONVENTION.

29 juillet 94. — La révolution, lasse de répandre le sang, se repose un peu ; conquête de la Hollande, 19 janvier 95 ; loi sur l'uniformité des poids et mesures, 7 avril ; suppression des clubs et des sociétés populaires, 23 juillet 95.

DIRECTOIRE.

1795. — 4 novembre. — La convention, qui avait tout le pouvoir en main, votant et exécutant à son bon plaisir, est remplacée du fait de la constitution dite de l'an III par un conseil dit des Cinq-Cents, qui proposait un conseil dit des Anciens qui acceptait, et un troisième conseil composé de cinq membres, qui exécutait cette nouvelle organisation est nommée directoire. Sous lui l'établissement de l'Institut ; de l'École polytechnique ; la chute des assignats, 1796 ; la pacification de la Vendée ; une levée de 200,000 hommes ; la mise en liberté de la duchesse d'Angoulême, fille de Louis XVI ; la loi de conscription, 98 ; les campagnes immortelles d'Italie, 96 ; d'Autriche, 96 ; d'Égypte, 99.

CONSULAT.

1799. — 11 novembre. — Bonaparte est nommé

De J.-C.

consul et commence ses fonctions avec ses deux collègues : Sièyes et Royer-Ducos. Constitution du 24 fri-
maire (16 décembre). Passage du Mont-Saint-Bernard
par l'armée française, commandée par Bonaparte, 16
mai 1800. Bataille de Marengo, 14 juin 1800. Conspiration dite la machine infernale contre Bonaparte,
premier consul, 4 nivôse (25 décembre) 1800. Des
écoles de droit sont établis le 13 mars 1804, à Paris,
Toulouse, Strasbourg, Bruxelles, Poitiers, Aix, Grenoble, Reims, Coblentz, Dijon, Turin, et des séminai-
res dans les arrondissements métropolitains. Le duc
d'Enghien, arrêté contre le droit des gens, est fusillé dans
les fossés de Vincennes, le 20 mars 1804, à 5 heures
moins un quart du matin ; quinze minutes de précipita-
tion à l'exécutionde son jugement sont peut-être la seule
cause de cette mort déplorable.

EMPIRE.

1re fois. — Dure 10 ans.

1804. —15 mai. —Napoléon Ier, empereur des Français, né le 15 août 1769 à Ajaccio (Corse). Etudie à
l'Ecole de Brienne, 1779-1783 ; à l'école de Paris,
1784 ; à 16 ans, nommé lieutenant en second au régi-
ment de Lafère, en garnison à Grenoble, 1er septembre
85 ; fait évacuer Toulon à l'ennemi, 19 décembre 93 ;
mitraille les sections de Paris révoltées contre la convention ; part pour l'Egypte, gagne la bataille des Pyramides, 21 juillet 1798, y laisse le général Kléber, revient à Paris, 9 novembre, est nommé consul-adjoint,

De J.-C.

puis consul pour 10 ans , 24 octobre 99 ; consul à vie , 4 août 1802 ; empereur des Français , 18 mai 1804 ; roi d'Italie , 17 mars 1805 ; fait la campagne de Russie, 1812 ; Paris se livre aux Bourbons, 31 mars 1814, et le sénat déclare la déchéance de Napoléon , 13 avril, lequel s'embarque pour l'île d'Elbe, 28 avril 1814.

Le cadre de cet ouvrage étant trop restreint pour faire mention de tous les hauts faits de l'armée française , je me bornerai à dire que par suite de ses conquêtes , sous la république et l'empire, le territoire français se trouve augmenté de quarante-deux départements, formant une population de 14 millons d'âmes.

Ire RESTAURATION.

Suite de la 4me branche. — Bourbons. — 2me fois. — Règnent 10 mois 17 jours.

1814. — 3 mai. — Louis XVIII *le désiré*, petit-fils de Louis XV, et frère de Louis XVI, émigre le 21 juin 91 ; habite Mittau en Russie, dès février 1798 ; refuse noblement les offres que Napoléon lui fait pour qu'il renonce à ses prétentions à la couronne de France ; 1803, passe en Angleterre ; 1807, revient en France à la chute de Napoléon et monte sur le trône de ses pères le 3 mai 1814; donne à la France la Charte constitutionnelle, 4 juin , puis s'exile au retour de Napoléon, 19 mars 1815.

EMPIRE.

2me fois. — Dure Cent Jours.

1815. — 20 mars. — Napoléon quitte l'île d'Elbe le

De J.-C.

20 février 1815 ; arrive en France, 1er mars ; à Paris, le 20 mars. Bataille de Waterloo, 18 juin 1815, où Napoléon se bat contre toutes les puissances coalisées. Là, l'inconstante fortune l'abandonne. Il abdique le 22 juin, se livre aux Anglais le 15 juillet, arrive à Sainte-Hélène le 15 octobre 1815 et y meurt le 5 mai 1821, à 6 heures du soir. Suivant ses volontés, ses cendres ont été portées à Paris le 15 décembre 1840.

IIme RESTAURATION.

Suite de la 4me branche. — Bourbons. — 3me fois. — règuent 15 ans 20 jours.

1815. — 8 juillet. — Louis XVIII. — 2me fois. — Après la défaite de Napoléon, revient à Paris. La France paye aux puissances coalisées qui étaient venues rétablir les Bourbons 700 millions, et le territoire français se resserre presque dans les limites de 89, et ne compte plus que 86 départements. Formation de trois partis puissants : ultra-royalistes, libéraux et bonapartistes. Assassinat du duc de Berry, neveu du roi, 13 février 1820. Intervention en Espagne qui affermit Ferdinand VII sur le trône, 1823, par l'abolition à main armée de la constitution de 1812. Louis meurt le 16 septembre 1824.

1824. — 16 septembre. — Charles X, petit-fils de Louis XV et frère de Louis XVI, succède à son frère Louis XVIII, et se fait sacrer à Reims 29 mai 1825 ; Saint-Domingue est reconnu indépendant et promet payer 150 millions aux anciens colons, 17 avril 1825. Un milliard est accordé aux émigrés ; surcroît de for-

Dᴇ J.-C.

tune inutile à ceux qui n'ont rien perdu , et indemnité dérisoire pour les réelles victimes de 89. Expédition victorieuse de Morée, 1828, et la conquête d'Alger, 5 juillet 1830. Charles X fait paraître des ordonnances , 25 juillet 1830, le peuple se soulève, journées des 27, 28 et 29 juillet. Le roi forcé de s'expatrier avec sa famille, abdique, ainsi que son fils, duc d'Angoulême, en faveur de son petit-fils Henri-Dieudonné de Berry, duc de Bordeaux. Charles X meurt dans son exil à Gratz, le 6 novembre 1836.

RÉVOLUTION DE 1830 , OU CHANGEMENT DE DYNASTIE.

5ᵐᵉ Branche : Bourbons-Orléans.

Issue de Philippe de France, duc d'Orléans, 2ᵐᵉ fils de Louis XIII et frère de Louis XIV.

1830. — 9 août. — Louis-Philippe Iᵉʳ , roi des Français, aujourd'hui régnant , chef de la branche cadette des Bourbons (Orléans), né à Paris le 6 octobre 1773, marié à Marie-Amélie des Deux-Siciles, 26 novembre 1809, lieutenant-général du royaume le 30 juillet 1830, roi des Français le 9 août suivant, jure fidélité à la Charte. Déclare la Belgique indépendante, 3 octobre 1830. Condamnation des ministres de Charles X , 21 octobre 1830. Prise d'Ancône en Italie, 23 février 1831. Arrestation de la duchesse de Berry, débarquée en France le 30 avril, vendue par Deutz (juif), le 6 novembre est emprisonnée à Blaye. Paris, révolté, est mis en état de siége, 5 et 6 juin 1832. Prise d'Anvers sur

De J.-C.

les Hollandais, pour l'indépendance Belge, 23 décembre 1832. Révolution de Lyon, du 9 au 14 avril inclusivement (1834). Prise de Constantine, 13 octobre 1837. Traité de la Tafna, 30 mai 1838. Naissance du comte de Paris, 24 août 1839. Démêlés incessants en Afrique. Bombardement de Mogador, 1844, et traité de paix avec le Maroc, de commerce avec la Chine. Indemnité Pritchard 1845.

(Voir en la première partie de cet ouvrage les articles qui concernent cette nation.)

FIN DE L'HISTOIRE DE FRANCE.

AU Ier JUILLET 1845.

POPULATION FRANÇAISE. — 36,600 mille âmes (*le nombre des naissances dépassant celui des décès, est de 280 mille par an*), sauf celles de ses possessions *africaines* : l'Algérie, le Sénégal, Bourbon.

ASIAT.QUE. — Chandernagor, Pondichéry.

AMÉRICAINE. — La Guadeloupe, la Martinique, la Guiane, Saint-Pierre, Miquelon, Terre-Neuve.

EN OCÉANIE. — Les îles Marquises.....

ANGLETERRE.

SON ORIGINE ANGLO-SAXONNE.

A une époque fort reculée, des Gaulois pénètrent dans cette île, s'y établissent et prennent le nom de Bretons. Rien de bien particulier ne nous est transmis jusqu'à l'an 55 avant J.-C., que Jules-César y opère une descente. Ils passent dès-lors maintes fois de l'indépendance à la domination romaine, jusqu'au règne de Vespasien, qu'Agricola les soumet définitivement, ainsi que les habitants de l'Écosse (an 78 de J.-C.).

Depuis, plusieurs chefs bretons, à diverses reprises tentent de secouer ce joug qui exista plus ou moins envers et contre tous, quatre siècles.

Honorius, indigne fils de Théodose, préfère retirer ses légions de la Bretagne, la laissant ainsi indépendante de la cour de Rome, 444, que de la défendre contre les excursions terribles des Pictes et des Scots (Écossais).

Les Bretons, aussi lâchement abandonnés, réclament en 448, l'appui des Saxons, pirates de la Germanie, qui y débarquent en 449, chassent les ennemis, et six ans plus tard, tous ces alliés, devenus spoliateurs implacables, chassent à leur tour les Bretons, dont la plupart passent en Gaule, leur ancienne patrie, et s'établissent dans cette province qui porte encore leur nom.

DE J.C.

Les Saxons alors maîtres de la Grande-Bretagne, y fondent divers petits royaumes, savoir :

Celui de Kent en 455, sous Hengist et Horsa, Ethelbert en est le premier roi chrétien en 592.

Celui de Sussex en 491, sous Œlla.

Celui de Wessex en 516, sous Cerdic, mort en 534.

Celui d'Essex, formé du royaume de Kent en 526.

Puis les Angles, autres pirates germains, débarquent aussi en Grande-Bretagne en 547.

Ils y fondent, cette même année, le royaume de Northumberland, sous Edwin-le-Grand.

Celui d'Est-Anglie en 571, sous Uffa.

Celui de Mercie en 584, sous Érida.

Ces sept États, qui ont chacun leurs rois particuliers, sont connus sous le nom générique d'Heptarchie, jusqu'à l'an 800 de J.-C., époque où ils ne font plus qu'un seul royaume.

Ses Rois :

Ire DYNASTIE (ANGLO-SAXONNE OU D'EGBERT), DURE Ire FOIS, 216 ANS.

800. — Egbert, roi de Wessex, descendant de Cerdic, met fin par sa valeur et sa politique à l'Heptarchie ou confédération Anglo-Saxonne née en 444, en réunissant sur sa tête les sept couronnes qui naguère se divisaient le pouvoir et le territoire.

837. — Éthelwulf, roi nul, voit mettre ses États à feu et à sang, place son royaume sous la protection pon-

tificale, épouse Judiht, fille de Charles-le-Chauve, roi de France, et meurt, laissant de sa première femme trois fils qui suivent.

857. — Ethelbald, fils du précédent, épouse sa marâtre, puis divorce.

859. — Ethelbert voit raser Winchester par les Danois, qui établissent leur quartier-général de pillage dans l'île de Tanet.

866. — Ethelred, meurt sur le champ de bataille laissant son royaume ruiné et menacé dans son indépendance.

872. — Alfred-le-Grand, a de grandes infortunes, puis, a la gloire de chasser les Danois de ses États ou de les humaniser, il crée la marine anglaise et fait fleurir son royaume en toutes choses.

900. — Édouard, l'Ancien ou le Vieux, vainqueur des Écossais, des Danois, des Gallois, subjugue la Mercie, établit l'Université de Cambridge, et meurt à 34 ans.

925. — Athelstan, fils d'Édouard, bat les Écossais, Irlandais, Danois, Norwégiens et Bretons réunis en 926, aide son neveu Louis-d'Outremer à remonter sur le trône de France en 936, fait noble tout Anglais ayant fait trois voyages en mer.

940. — Edmond-le-Pieux, à 17 ans, succède à son frère, soumet les Danois de Mercie et de Northumberland, traite avec eux et est assassiné.

946. — Edred-le-Pieux, roi de nom, de fait Dunstan, abbé de Clasterbury.

955. — Edwy-le-Bel, pour la forme, monte sur le

De J.-C.

trône à la mort d'Edred, mais Dunstan le vrai roi ne trouvant pas Edwy assez soumis, met Edgard qui suit à sa place.

958. — Edgard-le-Pacifique, roi par l'autorité privée d'un abbé, tant avait acquis d'ascendant sur les esprits la formidable lignée de Saint-Augustin, détruit les loups dans toute l'étendue de ses États en 963, par l'ingénieux impôt annuel de 300 têtes.

975. — Saint-Édouard-le-Martyr, âgé de 13 ans, succède à son père, sa marâtre voulant assurer la couronne à son fils, le fait assassiner en 978.

978. — Ethelred II, demi-frère du précédent, roi par le crime de sa mère, ordonne dans ses États le massacre général des Danois, et s'attire par là la vengeance de leurs compatriotes qui envahissent l'Angleterre et le détrônent en 1013; à la mort de Suénon, leur roi, Ethelred remonte sur le trône en 1015, et meurt en 1016, haï et méprisé.

IIe DYNASTIE (DANOISE), DURE 27 ANS.

1013. — Suénon, roi de Danemarck, vainqueur d'Ethelred se fait proclamer roi d'Angleterre, et meurt empoisonné.

1016. — Edmond II, Côte-de-Fer, succède à Ethelred son père, partage forcément son royaume avec Canut, roi de Danemarck, et est assassiné en 1017, après 7 mois de règne.

1017. — Canut-le-Grand, succède à Suénon (1015), au royaume de Danemarck, et à ses prétentions comme

Dr J.-C.

droit de conquête au royaume d'Angleterre ; en 1017, il devient, par la mort d'Edmond, seul et paisible possesseur des deux royaumes, et meurt (1035).

1035. — Harold, Pied-de-Lièvre, fils du précédent, lui succède envers et contre tous au détriment de la race d'Egbert, et meurt (14 avril 1039).

1040. — Hardicanut, voit l'Angleterre reconquérir (en 1040) son indépendance et replacer sur le trône la dynastie déchue.

DYNASTIE SAXONNE, RÉTABLIE IIe FOIS, DURE 15 ANS.

1041. — Saint-Édouard, le Confesseur, fils d'Ethelred, est couronné roi après 27 ans d'exil, gouverne avec douceur et lègue la couronne, n'ayant point d'héritier, à Guillaume duc de Normandie, et meurt (5 janvier 1066).

1066. — 6 janvier. — Harold II, comte de Kent, est proclamé roi d'Angleterre, bat son frère, tue dans un combat le roi Norwégien (24 septembre) ; mais Guillaume, duc de Normandie, débarque pour défendre ses droits, et remporte sur lui la victoire d'Hastings qui lui ôte la couronne et la vie (14 octobre 1066), après 9 mois de règne.

IIIe DYNASTIE (NORMANDE), DURE 88 ANS.

1066. — 25 décembre. — Guillaume Ier, bâtard de Robert-le-Magnifique ou le Diable, duc de Normandie, acquit, par sa conquête du royaume d'Angleterre, le

De J.-C.

surnom de Conquérant, il entreprend une expédition contre Philippe, roi de France, et y meurt âgé de 60 ans (9 septembre 1087).

1087. — 25 septembre. — Guillaume-le-Roux, réunit la Normandie à son royaume (1094), met fin à quelques révoltes de ses nouveaux sujets, et est tué à la chasse (2 août 1100).

1100. — Henri Ier, Beaucler, troisième fils de Guillaume-le-Conquérant, est roi au préjudice de son frère Robert alors en Palestine, Robert accourt et Henri lui fait crever les yeux. Ce roi savant et grand politique, meurt en Normandie (1135).

1135. — Etienne de Blois, petit-fils, par les femmes, de Guillaume-le-Conquérant, s'empare du trône au préjudice de Mathilde, fille de Henri. Etienne, est fait prisonnier (41), délivré (42), Mathilde quitte ses sujets infidèles (43), Etienne meurt (54).

IVe DYNASTIE (FRANÇAISE), SOUCHE PLANTAGENET PROPREMENT DIT, DURE 88 ANS.

1154. — 19 décembre. — Henri II, Plantagenet, Court-Mantel, fils de Mathilde ; par les femmes, arrière petit-fils de Guillaume-le-Conquérant, possesseur par son père, sa mère et sa femme d'un tiers de la France, monte sur le trône d'Angleterre, conquit l'Irlande, se croise, 1188, a des querelles célèbres avec Thomas Becket, archevêque de Cantorbéry, épouse la femme répudiée de Louis VII (*voyez page* 67), voit ses fils se révolter contre lui, en meurt de chagrin (6 juillet), il fut habile et sage.

De J. C.

1187. — 3 septembre. — Richard, Cœur-de-Lion, troisième fils de Henri II, succède à son père, se croise avec Philippe-Auguste de France en 1190, reste par le retour de ce dernier seul chef des croisés encore plus divisés entre eux que ne l'étaient les deux rois. Dans cette expédition mémorable Richard fut un héros, mais un héros malheureux, il signe avec Saladin une trève de trois ans, trois mois, trois semaines, trois jours, trois heures, et s'embarque, fait naufrage, traverse l'Allemagne sous l'habit de pèlerin, y est reconnu et fait prisonnier, paye sa rançon et rentre à Londres (20 mars 1194), et meurt (6 avril 1199), à 42 ans.

1199. — Jean, Sans-Terre, douzième et dernier duc de Normandie, troisième fils d'Henri II, s'empare du pouvoir qui appartenait à Arthur son neveu; celui-ci se joint à Philippe-Auguste, roi de France, pour soutenir ses droits, mais Arthur vaincu est poignardé et jeté dans la Seine à Rouen. Jean en est châtié par Philippe-Auguste auquel est offert ouvertement, et soustrait de ruse, le royaume d'Angleterre par le pape Innocent III. Jean alors justifie son surnom; enfin, par sa politique il allait reconquérir le trône, mais la mort le lui arrache (17 octobre 1216).

1216. — 17 octobre. — Henri III, à 8 ans, succède à son père sous la régence des comtes de Pembrok, voit ses possessions françaises conquises par Louis VIII, roi de France (1222), par Louis IX (1225). Après la bataille de Taillebourg (1248), il ne lui reste plus en France qu'une fraction de la Guienne. Le comte de Leicester forme un parti de barons mécontents, mais

Dr J. C.

Henri par sa prudence rétablit l'ordre, et meurt en paix après 56 ans de règne; sous lui est créée la chambre des communes.

1272. — Édouard Ier, Plantagenet, se croise avec Saint-Louis, roi de France, soumet quelques sujets rebelles, rend hommage à Philippe de ses terres de Guienne, a quelques démêlés avec l'Écosse, et meurt (1307).

1307. — Édouard II, succède à son père, l'Écosse se rend indépendante, sa femme Isabelle prend les armes contre lui (1326), il est fait prisonnier et perd le trône et la vie (1327).

1327. — Édouard III succède à son père, fait mettre sa mère en prison, pendre son amant Mortimer, reprend l'Écosse, dispute à Philippe VI de Valois le trône de France comme héritier direct du dernier des Capets, étant neveu par les femmes de Charles IV, le Bel, mais la nation, en vertu de la loi salique, l'exclut et sanctionne les droits de Philippe VI, cousin-germain par les mâles de Charles IV, là date la rivalité des deux nations, institue l'ordre de la Jarretière, les succès et les revers (*voyez page* 82 *et* 83), et meurt (1377).

1377. — Richard II, fils du célèbre prince noir, gouverneur de Guienne, et petit-fils d'Édouard III, est roi à 11 ans, voit éclater une sédition à Londres de 100,000 habitants dont il triomphe sans sévir. Son oncle le duc de Glocester conspire contre lui, Richard le fait étrangler à Calais (1397), mais Henri qui suit, s'étant mis à la tête des mécontents le fait déposer, enfermer et égorger à l'âge de 33 ans (30 septembre 1399).

De J.-C.

Iʳᵉ BRANCHE (LANCASTRE), DURE 62 ANS.

1399. — 30 septembre. — Henri IV de Boling-broke, le premier Plantagenet de la maison de Lancas-tre, usurpateur et assassin de l'infortuné Richard II, soumet les Gallois et les Écossais (1413), et meurt (20 mars 1413), haï et méprisé.

1413. — Henri V, de Monmouth, succède à son père, bat les Français à Azincourt (25 octobre 1415), s'empare de Rouen (1419), épouse Catherine de France, fille de Charles VI, prend le titre de fils très-aimé du roi de France, qui le nomme (traité de Troyes en 1420), son héritier, mais il meurt 20 mois avant Charles VI, (21 août 1422), odieux aux Français.

1422. — Henri VI, fils du précédent, lui succède, à neuf mois, sous la régence du duc de Bedfort, son on-cle, qui le fait déclarer roi de France et d'Angleterre (Après les événements du règne de Charles VII, voyez page 84, et 43). Henri revient en Angleterre, mais de deux couronnes il ne peut en conserver une, car le duc d'York, qui suit, le fait égorger avec son fils, après avoir été battu par la courageuse reine Marguerite d'An-jou, qui, trahie aussitôt, se retire en France.

IIᵉ BRANCHE (YORK), DURE 24 ANS.

1461. — Edouard IV, d'York, roi par le crime, se brouille avec le comte de Warwick, qui le fait fuir de ses états, revient en Angleterre, a quelques succès, et meurt empoisonné, peut-être par le duc de Glocester, son frère (1483), laissant deux fils et quatre filles.

De J.-C.

1483. — Edouard V, fils d'Edouard IV, à onze ans succède à son père, et est, dans la même année, étranglé, avec son frère, par son oncle, qui suit.

1483. — Richard III, frère du précédent, fait mourir ses neveux pour avoir un trône qui lui échappe, par le fait du comte de Richemont, héritier des Lancastre, à la journée du 22 août 1485 dans laquelle il est vaincu et tué. La mort de cet usurpateur met fin à la querelle de la rose rouge et de la rose blanche. Il est le dernier de la race française des Plantagenets qui occupait le trône d'Angleterre depuis 330.

Vme DYNASTIE (TUDOR), DURE 118 ANS.

1485, 22 août. — Henri VII, Tudor, comte de Richemont, héritier des Lancastre, réunit sur sa tête les droits des York et des Lancastre, par son épouse Elisabeth ; bat Simnel (1487) qui se faisait passer pour le duc d'York ; Perkin-Warberc (1492), qui se faisait passer pour le fils d'Edouard IV ; bat le roi d'Écosse, qui avait allié Perkin à sa famille (95); Henri fait décapiter Perkin et le comte de Warwick (99) et fait Simnel son cuisinier. Henri meurt (22 avril 1509), laissant un trésor immense, fruit de ces perpétuelles rapines, dont lui seul avait la clef.

1509. — Henri VIII, fils du précédent, est aussi prodigue que son père était avare. Battu sur mer par les Français (1512) ; vainqueur à Guinegate (1514), donne Marie, sa sœur, à Louis XII ; répudie Catherine d'Aragon (Voy. page 47), sa première femme ; épouse Anne

De J.-C.

de Boulen (juin 1533), qui est décapitée (19 mai 1536);
Jeanne Seymour, morte en 1537 ; Anne de Clèves (6
janvier 40), répudiée le 12 juillet suivant ; puis, Catherine Howard, qui a la tête tranchée (12 février 42);
puis, enfin, Catherine Parre, sa sixième et dernière
femme (12 juillet 43). Henri meurt (28 janvier 1547)
à cinquante-huit ans, après trente-huit ans d'un règne
infâme sous le point de vue matrimonial, et sous celui
de la politique il peut être comparé à ceux de François Ier et de Charles-Quint, ses contemporains.

1547. — Edouard VI, fils d'Henri VIII et de Jeanne
Seymour lui succède, âgé de dix ans, sous la régence du
duc de Sommercet, et meurt (1553), âgé de quinze ans.

1553. — Marie Ire Tudor, fille d'Henri VIII, fait
trancher la tête à Jeanne Gray, sa cousine, qui avait osé
prendre le titre de reine ; rétablit le culte catholique
dans ses états, épouse Philippe II roi d'Espagne, fils de
Charles-Quint et meurt sans postérité.

1558. — Elisabeth, fille d'Henri VIII, succède à sa
sœur à 25 ans, rétablit le culte anglican (1559) ; fait
exécuter, 18 février (1587) l'infortunée Marie Stuart,
(*voyez pag.* 48) ; cruauté que le long et florissant règne
de cette reine ne peut faire oublier. Pacifie l'Irlande et
meurt âgée de 70 ans.

VIe DYNASTIE. (STUART, Ire FOIS), DURE 46 ANS.

1603. — Jacques Ier, roi d'Ecosse, sous le nom de
Jacques VI, fils d'Henri d'Arnley et de Marie Stuart,
est roi légitime d'Ecosse à la mort de sa mère (1587),

De J.-C.

et d'Angleterre, à celle d'Elisabeth (1603) ; prend dès-lors le nom de Roi de la Grande-Bretagne, chasse les prêtres catholiques, voit naître les partis connus sous le nom de Wichs (opposition), et de Torys (ministériels), et meurt en 1625.

1625. — Charles Ier, fils de JacquesStuart, épouse Henriette de France, fille d'Henri IV; des mécontents nombreux se déclarent, il veut se montrer, mais livré par les siens après avoir tour à tour cédé et retenu le pouvoir, porte sa tête sur un billot (10 février 1649) par ordre du parlement, ou plutôt de Cromwell, chef des Puritains (général révolutionnaire).

RÉPUBLIQUE OU LES CROMWELL, DURE 11 ANS.

1649. — Olivier Cromwell, l'âme de la révolution, proclame la république, s'en nomme le protecteur, et sous ce titre doucereux gouverne despotiquement, mais avec habileté et courage ; il force les rois de l'Europe à reconnaître son gouvernement royal 1653.

1658. — Cromwell Richard, succède à son père, abdique volontairement (22 avril 1659), et rend ainsi le suprême pouvoir à ses légitimes maîtres, spoliés par son père, se retire en France, revient en Angleterre et y meurt (1712) âgé de 86 ans.

RESTAURATION DES STUARTS, IIe FOIS, DURE 28 ANS.

1660. — Charles II, protestant, succède à son père, Charles Ier, par l'abdication de Richard Cromwell et le

dévouement du général Monck. A la mort de Cromwell il fait exécuter les juges de son père, vend Dunkerque à Louis XIV et meurt sans postérité (1685), au milieu de favoris et de maîtresses; sous lui la peste de 65 et l'incendie de Londres (66).

1685. — Jacques II, catholique, roi d'Ecosse sous le nom de Jacques VII, 2me fils de Charles Ier et d'Henriette de France, succède à Charles II son frère aîné; signe un édit sur la religion qui fait naître des mécontents, lesquels prennent Guillaume son gendre, qui suit, pour chef; Jacques veut soutenir ses droits, mais il est vaincu à la Hogue par son gendre, 1688, il se retire à Saint-Germain-en-Laye et meurt (6 septembre 1701).

RÉVOLUTION DE 1688.

1688. — 23 février. — Guillaume III et Marie II, Guillaume III, Stathouders de Hollande (dès 1672), fils de Guillaume de Nassau, prince d'Orange et de Henriette-Marie Stuart, fille de Charles Ier, fait déposer Jacques II Stuart, son beau-père, et se fait adjuger la couronne de moitié avec son épouse, Marie II Stuart, a des démêlés avec Louis XIV, contre lequel il suscite toujours quelques nouveaux ennemis et meurt d'une chute de cheval (16 mars 1702), à 52 ans; Marie II était morte à 33 ans (1693).

STUART, IIIe FOIS, DURE 12 ANS.

1702. — Anne Ire (protestante), deuxième fille de Jacques II, est proclamée reine, fait de l'Ecosse et de l'Angleterre un seul et même gouvernement, (*voy. page*

Df J. C.

51), renvoie le célèbre duc de Malborough, son général et favoris, et meurt (12 août 1714) sans postérité,
ce règne est le plus heureux et le plus fécond en hommes illustres qu'ait eu l'Angleterre.

VIᵉ DYNASTIE (PROTESTANTE D'HANOVRE OU BRUNSWICK) AUJOURD'HUI RÉGNANTE.

1714. — Georges Iᵉʳ, électeur de Hanovre, roi par
les intrigues des Wichs et par la loi qui exclut du trône
la branche catholique, fait condamner quelques rebelles,
et meurt en 1727, à son élection le Hanovre est réuni à
l'Angleterre.

1727. — Georges II, fils du précédent, lui succède,
est battu par les Français à Fontenay, soutient la guerre
dite de 7 ans, contre Louis XV, roi de France (*voyez
page 91*), et meurt en 1760.

1760. — Georges III, fils du prince de Galles, et
petit-fils de Georges II, voit l'Irlande et presque toutes
les Indes passer sous sa domination, tandis que l'Amérique se déclare indépendante (1778), Georges atteint
de folie (en 87), passe sous la régence de son fils (1811),
et meurt (1820), sous lui le ministre Pitt, l'amiral Nel-
son et lord Wellington.

1820. — Georges IV, fils et régent du précédent, lui
succède, signe six ordonnances, et meurt sans postérité
(1830); sous lui l'Angleterre, la France, la Russie,
unies gagnent la bataille de Navarin (1827), sur la flotte
Turco-Egyptienne et assurent ainsi l'indépendance de
la Grèce (*voyez page 54*, émancipation des catholiques,
1828).

De J.-C.

1830. — Guillaume IV duc de Clarence, fils de Georges III, est tantôt wichs, tantôt tory, et meurt laissant le trône à Victoria sa nièce, sous lui le traité de la quadruple alliance entre l'Angleterre, la France, l'Espagne et le Portugal. A la mort de Guillaume, d'après le congrès de Vienne (1815) ; le royaume de Hanovre réunit à l'Angleterre (1714) en devient indépendante, les femmes n'y ayant point droit de succession. Alger capitule, 28 avril 1816.

1837. — 20 juin. — Victoria, Alexandrine Ire, aujourd'hui régnante, née le 24 mai 1819, succède à son oncle à l'âge de 18 ans ; voit continuer sous son règne l'effervescence irlandaise, dont le chef est l'éloquent Daniel O'Connell, a des démêlés avec la Chine (*voyez page* 55).

(Voir en la première partie de cet ouvrage les articles qui concernent cette nation).

FIN DE L'HISTOIRE D'ANGLETERRE OU DE LA GRANDE-BRETAGNE.

AU 1er JUILLET 1845.

Population du royaume d'Angleterre ou de la Grande-Bretagne, soit : Angleterre, proprement dit, Galle, Écosse et Irlande, 27,885 mille âmes (*le nombre des naissances dépassant celui des décès, est de 276 mille par an*), sauf celles de ses immenses possessions étrangères réparties dans les quatre autres parties du monde, dont le chiffre total est évalué à 121,200 mille âmes. Total général, 149,085 mille, soit le dixième du globe.

EMPIRE D'AUTRICHE. — CONFÉDÉRATION GERMANIQUE. — CONFÉDÉRATION HELVÉTIQUE.

Ci-devant royaume, puis empire d'Allemagne.

SON ORIGINE.

La Germanie ou Allemagne, premier berceau de nos pères, fut une des sources fécondes d'où découlèrent en partie ces torrents dévastateurs qui inondèrent l'Europe au cinquième siècle (*voyez page* 24), elle était habitée 1° par les Saxons, peuples belliqueux, qui sur de vastes bases constituèrent cet état et se le divisèrent en trois tribus, ayant les mêmes lois et coutumes; 2° par les Allemands (Allamani) invincibles aux Romains, battus par Clovis (496), vaincus par Charlemagne; 3° par les Frisons, les Bavarois, les Vénèdes, les Huns, les Avares...

Après une lutte de 32 ans, Charlemagne, roi de France, fait la conquête de ce pays par la soumission définitive de Vitikin, roi des Saxons, le plus puissant et le plus ancien peuple de la Germanie, laquelle est dès lors réunie à l'empire de Charlemagne, ou IIe empire d'Occident, divisés en 812, d'après les capitulaires de ce grand monarque, et formant par le partage de Verdun, en 843 (*voyez page* 31), trois royaumes, dont celui de Germanie échoit à Louis, petit-fils de Charlemagne et fils de Louis-le-Débonnaire, auquel il succède au gouvernement germanique, et ne doit cependant être

DE J. C.

regardé que comme le premier roi de ce nouvel état, seulement alors (843) formé et rendu indépendant des rois de France auxquels ils ne reste plus que le vain titre d'empereur d'Occident, encore leur fut-il vivement disputé par les rois d'Italie et d'Allemagne.

SES ROIS OU EMPEREURS.

Ire DYNASTIE (FRANÇAISE DES CARLOVINGIENS), dure 69 ans.

843. — Louis Ier, le Germanique, 3me fils de Louis Ier le Débonnaire, roi de France et 2me empereur d'Occident, est le 1er roi d'Allemagne, il était en possession de la Bavière, depuis 817 ; à la bataille de Fontenay (*voyez page* 24) il avait battu avec son frère, Charles-le-Chauve, roi de France, son autre frère Lothaire, roi d'Italie, qui voulait les dépouiller, et alors est définitivement partagé l'empire d'Occident. En 849 est fondé le duché de Mecklembourg, en 858 celui de Saxe et de Thuringe. Louis, mauvais fils, malheureux père, roi bon et pacifique, meurt laissant trois fils, Louis, Carloman et Charles, qui se divisent son héritage en Saxe, Bavière et Souabe.

876. — Louis II, Carloman et Charles-le-Gros.

884. — Charles-le-Gros, seul héritier de ses frères est déposé (887).

887. — Arnould, bâtard de Carloman, sous lui est fondé le royaume de Lorraine (898) qui vécut 26 ans.

899. — Louis III, l'Enfant, meurt sans laisser d'héritier au trône d'Allemagne, sous lui (902) le duché de Turinge change son nom contre celui de Franconie.

De J.-C.

ROIS ELECTIFS.

912. — Conrad Ier, duc de Franconie, est élu roi d'Allemagne (*voyez page* 24), a des démêlés avec les ducs de Saxe et de Bavière, et meurt en 919.

IIe DYNASTIE (MAISON DE SAXE), dure 112 ans.

919. — Henri Ier, Loiseleur, fils d'Othon, l'illustre duc de Saxe, est élu roi en 92, il s'empare de la Lorraine et en constitue un duché. En 935 il crée le Margraviat d'Autriche; châtie les Huns, bat les Danois et leur fait embrasser la religion du Christ, et meurt le 2 juillet 936.

936. Othon Ier, le Grand, est élu roi d'Italie (961), rend la Bohême tributaire de son royaume, soumet la Lombardie, fait élire Léon III au détriment de Jean XIII et réunit le royaume d'Italie à l'empire d'Allemagne.

973. — Othon II (le Roux), fils du précédent, bat Henri de Bavière, son compétiteur, remet le pape sur son trône et meurt à Rome (983).

983. — Othon III, succède à son père, prend Milan, fait élire le pape Grégoire V; le roi échappé d'un premier danger est victime d'un second, il meurt empoisonné (1002).

1002. — Henri II (le Boiteux), épouse la fille du comte de Luxembourg, se fait nommer roi des Lombards (1008), roi des Romains (24 février 1014), a de vifs démêlés avec les Polonais et meurt (14 juillet 1024) sans héritiers.

De J.-C.

IIIᵉ DYNASTIE (MAISON DE FRANCONIE),
Dure 115 ans.

1024. — Conrad II (le Salique), élu roi, pacifie la Hongrie, la Pologne et la Saxe, reçoit en don le royaume de Bourgogne et se fait couronner empereur d'Occident (1027) et meurt.

1039. — Henri III (le Noir), roi des Romains, succède à son frère, fait prisonnier Vladislas, roi des Bohêmiens (1042); rend à Pierre le trône de Hongrie (43); dépouille le duc de Bavière et meurt (5 octobre (56).

1056. — Henri IV, fils du précédent, est excommunié et détrôné par Grégoire VII, enfin après une suite presque non interrompue de revers, Henri meurt de chagrin à Liége (7 août 1106).

1106. — Henri V (le Superbe), épouse la fille d'Henri Iᵉʳ d'Angleterre, est excommunié et s'en venge en entrant dans Rome en vainqueur et en chassant le pape, se réconcilie avec lui et meurt (22 mai 1125).

1125. — Lothaire Iᵉʳ de Saxe, élu au préjudice de deux légitimes prétendants, rétablit le pape Innocent II, chassé par ses sujets, sur le trône pontifical; bat le roi de Sicile et meurt sans postérité (1137).

4ᵐᵉ DYNASTIE (MAISON DE SOUABE), DURE
105 ANS.

1137. — Conrad III, élu, part pour la Terre-Sainte (1147), n'y est pas heureux, revient et meurt (1152).

De J. C.

1155. — Frédéric Ier, Barberousse, duc de Souabe, commence avec le pape une guerre dite des Investitures, qui donne naissance aux factions des Guelphes et des Gibelins ; le margraviat d'Autriche est érigé en duché (1156) ; Frédéric, vaincu et dépouillé, part pour Jérusalem (1188), y fait des prodiges de valeur et se noie.

1190. — Henri VI, roi des Romains dès 1169, succède à son père à l'empire d'Allemagne ; roi de Naples (13 octobre 94) ; part à la tête de 40,000 croisés pour la Terre-Sainte ; meurt à Messine (28 septembre 97), à l'âge de 32 ans.

1197. — Philippe, fils de Frédéric Ier, succède à son frère ; a la régence de Frédéric, son neveu, roi des Romains. Philippe, possesseur de la Souabe et de la Toscane, est, malgré Othon, duc de Brunswick, son compétiteur, reconnu empereur ; il est assassiné (23 juin 1208).

1208. — Othon IV, troisième fils de Henri, est élu à la mort de Philippe, son compétiteur, est couronné en 1209, et battu à Bouvines par Philippe-Auguste, roi de France, et meurt en 1218.

1218. —Frédéric II, roi des Romains, fils d'Henri VI, succède à Othon ; a des démêlés avec le pape (Voyez page 39) de 1228 à 1248 ; rejette l'inquisition de ses états (1234) ; Frédéric est déposé (1243), et son petit-fils Conradin, dernier rejeton de la maison de Souabe, est décapité à Naples (1268), à l'âge de seize ans, pour avoir voulu revendiquer son royaume de Naples au duc d'Anjou, qui en avait été investi par le pape.

De J.-C.

ANARCHIE, DURE 23 ANS, DE 1250 A 1273.

Alors, des désordres épouvantables désolent l'Allemagne et l'Italie. Deux forts et redoutables partis, les Guelfes et les Gibelins, autrement dit les Papistes et les Impériaux, ne pouvant définitivement primer l'un sur l'autre, opposent élection à élection; de sorte que sont désignés pour rois sans jamais l'être : Henri et Guillaume de Hollande, Conrad de Souabe et Guillaume de Hollande, Alphonse de Castille et Richard d'Angleterre.

4ᵐᵉ DYNASTIE (MARIE D'AUTRICHE DE HAPS-BOURG), 1ʳᵉ FOIS, DURE 34 ANS.

1273. — 29 septembre. — Rodolphe de Hapsbourg, élu empereur d'Allemagne et roi des Romains par les Impériaux, met fin à l'anarchie par sa sage et énergique volonté, fait respecter sa couronne par le saint-siége, dont il diminue ainsi le pouvoir et l'influence politique toujours croissant jusqu'à lui ; donne le duché d'Autriche à son fils Albert et meurt (15 juillet 1291).

1292. — Adolphe de Nassau, élu au détriment d'Albert d'Autriche ; poussé par Boniface VIII, fait la guerre avec Édouard, roi d'Angleterre, contre Philippe-le-Bel, roi de France ; Adolphe est battu et tué par Albert (2 juillet 1298).

1298. — Albert 1ᵉʳ d'Autriche, dont je viens de parler, est élu au milieu d'un concours immense de peuple, mais Boniface y met pour condition la conquête du royaume de France ; Albert promet et prend la sage

De J.-C.

résolution de ne pas même la tenter ; fait épouser à son fils, roi de Bohême, la sœur de Philippe-le-Bel, et est tué par Jean de Souabe, son neveu, dépouillé par lui (1er mai 1308). Sous ce prince, LA SUISSE se soulève par le despotisme de Gessler, et PROCLAME SON INDÉPENDANCE (1308, 1476 à 1513 et 1648 (Voyez *page 41 et 49*).

5me DYNASTIE (MAISON DE BAVIÈRE ET LUXEMBOURG), DURE 130 ANS.

1308. — 29 novembre. — Henri VII, de Luxembourg, punit les assassins d'Albert, nomme son fils aîné roi de Bohême et meurt (24 août 1313) en préparatifs de guerre contre la Lombardie.

1314. — Frédéric III, le Beau, fils d'Albert Ier, élu, a pour compétiteur Louis de Bavière, qui le défait (1322); Frédéric meurt (1330).

1323. — Louis V, de Bavière, succède à son ennemi vaincu.

1347. — Charles IV, de Luxembourg, roi de Bohême sous le nom de Charles Ier, vient à bout de se débarrasser de ses nombreux compétiteurs et est couronné (1355); publie la fameuse bule d'or (1356) et meurt (27 mars 1378) après un règne d'agiot et de rapines.

1378. — Wenceslas, fils de Charles Ier de Bohême ou de Charles IV empereur, élu à prix d'or roi des Romains (1376), succède à son père au trône d'Allemagne, est emprisonné (1394) et déposé (1400) pour cause constante d'ivrognerie.

1400. — Robert-le-Bref, veut réunir le Milanais à

Dᴇ J.-C.

l'empire; mais est vaincu par les Viscontis et meurt (1410).

1410. — Josse succède à son père et meurt, la même année, après un règne de six mois.

1410. — Sigismond, fils de Wenceslas, convoque le concile de Constance (1414); les Bohémiens se révoltent contre Sigismond, qui fait brûler les principaux chefs après les avoir réunis sous prétexte de traiter avec eux, et met ainsi fin à l'épouvantable guerre religieuse des Hussites, avant-coureurs de la réforme, fait mourir le roi d'Italie (1421) et meurt (1437).

2ᵐᵉ MAISON D'AUTRICHE (PROPREMENT DIT), 2ᵐᵉ FOIS, DURE 307 ANS.

1438. — Albert II, duc d'Autriche, roi de Hongrie (1ᵉʳ janvier 1438), empereur d'Allemagne (30 mai), roi de Bohême (29 juin), meurt d'un excès de melon (27 octobre 1439).

1440. — Frédéric III, le Pacifique, élu empereur et roi de Hongrie, ce dernier pays lui est disputé par Mathias Corvin; Frédéric, vaincu, dépossédé, fait la paix avec ce vaillant général (1487), érige l'Autriche en archiduché et meurt (1493). Il avait marié son fils Maximilien, qui suit, à Marguerite de Bourgogne, qui lui apporta en dot la Flandre et les Pays-Bas.

1493. — Maximilien Iᵉʳ, fils de Frédéric III et d'Éléonore de Portugal, roi des Romains (1486), succède à son père, est battu à Fornoue par les Français (1495), avec le pape Alexandre VI, par Charles VIII, qui n'avait que 8,000 hommes, s'empare du Milanais et

De J.-C.

fuit; il meurt en 1519; sous lui le territoire de l'empire d'Allemagne est, par la diète de 1512, divisé en dix cercles fédératifs.

1519. — Charles-Quint, fils de Philippe-le-Beau, archiduc d'Autriche et de Jeanne-la-Folle. o d'Espagne dès 1516, à la mort de Ferdinand V, son aïeul maternel, Charles succède à son aïeul paternel Maximilien au trône d'Allemagne. Ayant le transfuge connétable de Bourbon à la tête de ses armées, fait prisonnier à Pavie François Ier (Voy. *page* 86), prend Rome (1529), et Clément VII paie sa liberté 400,000 écus d'or, prend Tunis (1535), est battu par François Ier (1542), cède (Voy. *page* 47) à son frère la couronne d'Allemagne et à son fils Philippe celle d'Espagne et meurt moine (1558). Les états de ce prince se composaient de l'Espagne, des Pays-Bas, de l'Autriche, des dix cercles de l'Allemagne, de la Haute-Italie et du royaume de Naples. Il fut brave et dissimulé; sous lui l'Allemagne voit naître la religion réformée (Voy. *page* 46).

1556. — Ferdinand Ier, roi de Hongrie et de Bohême dès 1527, des Romains dès 1531, succède à l'empire, à Charles-Quint, son frère, réconcilie la France et l'Espagne, fait la paix avec les Turcs, et meurt (1564); de ce règne date la réunion définitive de l'Autriche, de la Bohême et de la Hongrie à l'empire d'Allemagne, désormais gouverné par les princes héréditaires de la maison d'Autriche.

1564. — Maximilien II, dit Titus, roi des Romains dès 1558, de Hongrie et de Bohême (1559) succède à son père, est bon, faible, inconstant et meurt (1576);

De J.-C.

de lui sont ces paroles bien mémorables pour le temps : « *Ce n'est point en rougissant les autels du sang des hé-* « *rétiques qu'on honore le père commun des hommes.* »

1576. — Rodolphe II, fils du précédent, roi de Hongrie (1572), des Romains et de Bohême (1575), est pusillanime, mais savant, voit se démembrer ses états (1605), et enfin perd le trône (1611), et meurt de chagrin en exil (1612) sans postérité.

1612. — Mathias, fils de Maximilien II, succède à son frère qu'il avait détrôné (1611), fait reconnaître et couronner Ferdinand pour son successeur (1616), voit éclater la guerre de trente ans et meurt (1619).

1619. — Ferdinand II, roi de Bohême dès 1617, et de Hongrie (1618), succède à Mathias son cousin, a quelques démêlés avec ses voisins et meurt (1637).

1637. — Ferdinand III, roi de Hongrie (1625), de Bohême (1627), succède à son père, éprouve de nombreux revers et meurt (1657).

1658. — Léopold Ier, fils du précédent, est guerroyeur, a des démêlés avec les Suédois, avec les Turcs (1683) (Voy. *pag.* 50), avec les Français, avec ses sujets, et meurt de langueur (6 mai 1705) ; sous lui le célèbre Montéculli, rival de Turenne.

1705. — Joseph Ier, fils du précédent, roi de Hongrie dès 1687, des Romains (1690), soutient son frère contre Philippe V d'Espagne dans la guerre de la succession et meurt (1711) ; sous lui le célèbre prince Eugène.

1711. — Charles VI, cinquième fils de Léopold, compétiteur de Philippe V, de 1700 à 1712, succède à

De J.-C.

son frère, a un règne assez brillant si ce n'est la fin qui est marquée par de nombreux revers, il meurt (1740).

1740. — Charles VII, électeur de Bavière (dès 1697), aidé de Louis XIII, roi de France, est nommé roi de Hongrie et empereur d'Allemagne, en concurrence avec Marie-Thérèse, mais Charles, vrai héros d'infortune, succombe, erre dans ses États dépouillé de tout; le roi de Prusse lui ayant conquis la Bavière, il y rentre, et meurt (1745).

3ᵐᵉ MAISON D'AUTRICHE (LORRAINE), AUJOUR-D'HUI RÉGNANTE.

1740. — Marie-Thérèse et François Iᵉʳ, Marie-Thérèse, fille unique de l'empereur Charles VI, épouse en 1736, François, duc de Loraine, qui avait échangé son duché contre celui de Toscane (1735), vacant par la mort du dernier des Médicis. Marie, à 23 ans, succède à son père, par son courage héroïque elle parvient à vaincre ses nombreux ennemis, à faire reconnaître son mari empereur sous le nom de François Iᵉʳ (1745), meurt (1780), François était mort en 1765, laissant le trône à leur fils, ils eurent pour fille l'infortunée Marie-Antoinette, reine de France.

1765. — Joseph II, fils de François et de Marie-Thérèse, leur succède, il était roi des Romains (dès 1764), élu roi à la mort de son père, il gouverne définitivement à celle de sa mère, fait quelques réformes religieuses, visite Catherine II (1780), et meurt (1790), sous lui (1772), inique partage de la Pologne (Voyez

De J.C.

page 51), honte d'injustice à l'Europe, honte d'ingratitude à l'Autriche (Voyez page 50).

1790. — 20 février. — Léopold II, deuxième fils de François Ier et de Marie-Thérèse, grand-duc de Toscane (dès 1765), s'unit avec l'Angleterre contre Catherine II, est pusillanime, il meurt d'une dyssenterie, âgé de 45 ans.

1792. — 2 mars. — François II, fils du précédent, battu par les Français, signe le traité de Compo-Formio (1792), par lequel il se dépouille des Pays-Bas et de la Lombardie, battu à Marengo (1800), il perd ses possessions au delà du Rhin, renonce en 1816 au titre d'empereur d'Allemagne, et prend celui d'empereur héréditaire d'Autriche, sous le nom de François Ier, donne sa fille Marie-Louise à Napoléon (1810), entre dans la coalisation européenne contre son gendre ; en 1814, il recouvre presque tous ses États, voit naître (2 décembre 1815), la Confédération Germanique, laquelle se gouverne par une diète fédérative, et meurt après un règne fort agité (1835).

1835. — 20 mars. — Ferdinand IV, aujourd'hui régnant, né (19 avril 1793), succède à son père à l'âge de 42 ans, rien de particulier sous ce règne jusqu'à ce jour.

FIN DE L'HISTOIRE D'ALLEMAGNE.

EMPIRE

DE TOUTES LES RUSSIES,

COMPRENANT

LA RUSSIE D'EUROPE, D'ASIE, D'AMÉRIQUE, LE CI-DEVANT
ROYAUME DE POLOGNE.

———•◦•———

Ce pays, habité par les Sarmates, plus tard Slaves,
connus dès le premier siècle de J.-C., se voit envahi
en 872 (Voy. *page* 31), par les Normands ou Scandi-
naves et Cimbres, et par les Varègues (pirates de la mer
Baltique). Rurick, un de ses chefs, devient seul maître
de ces peuples divers, jette avec eux à Nowogorod sur
les débris de cette république les premiers fondements
de cette nation gouvernée huit siècles par lui ou sa
postérité, sous le titre de grand-prince. Pendant les six
premiers siècles (862 à 1462), la Russie reste si j'ose
le dire dans l'enfance, l'influence salutaire de la religion du Christ (devenue religion de l'État en 989), l'ad-
ministration de sages et vaillants souverains, ne peuvent
la défendre des divisions intestines qui la déchirent, d'ambitieux petits princes qui la partagent, des hauts-faits
d'armes des Khans-Tartares, incommodes voisins qui
la subjuguent. En un mot la Russie comme peuple, date
de 862, comme empire de 1462, car ce n'est qu'alors
que Yvan III le Grand, son 39me grand-prince, ne se
contentant pas comme ses prédécesseurs du titre dérisoire, et de l'ombre du pouvoir que leur avaient laissé,

DE J.-C.

en compensation de l'indépendance, les Khans de la Horde-d'Or, sous le joug desquels ils étaient depuis deux siècles, que la Russie enfin honteuse de son esclavage, reconquit sur les Tartares-Mogols sa nationalité, et prend définitivement place parmi les puissances de l'Europe.

A Yvan III, de 1462 à 1505, succède. — Vassilli de 1505 à 1534. — Régence d'Yvan IV le Terrible (1534 à 1545), alors majeur fait la guerre avec tous ses voisins, soumet Cazan (1552), découvre la Sibérie (1583), meurt (1584). — Fédor (1584 à 1597), voit naître l'indépendance de l'église russe de la cour de Constantinople, et le titre de chef spirituel conservé par les souverains de Russie. — Boris-Gadonof (1797 à 1605). — Vassilli-Schuiski (1606 à 1610), anarchie et invasion des peuples voisins de 1610 à 1613. — Michel de Romanow (1613 à 1645). — Alexis (1645 à 1676). — Fédor (1676 à 1682). — Yvan V, et Pierre Ier (1682). — Pierre Ier le Grand (Voy. *page* 51), de 1688 à 1725. — Catherine Ire, sa femme (1725 à 1727). — Pierre II (1727 à 1730). — Anne II (1730 à 1740). — Yvan VI (1740 à 1741). — Élisabeth (1741 à 1762). — Pierre III, de Holstein. — Goettorp, du 5 janvier 1764 au 13 juillet, même année. — Catherine II la Grande, succède à son infortuné mari (1762 à 1796). — Paul Ier de 1796 à 1801. — Alexandre Ier (1801 à 1825), sous lui est l'invasion des Français, et l'incendie de Moscou (1812), se montre magnanime envers la France

De J.-C.

(1814-15 et 16). — Nicolas Ier, aujourd'hui régnant, succède à son frère, à 29 ans (1er décembre 1825), par suite d'arrangement avec son autre frère Constantin. Nicolas est né le 6 juillet 1796, sous lui, 1830, la Pologne veut, mais en vain, reconquérir son indépendance (Voy. *page* 54).

Population totale de l'Empire, 62,000,000.

———

ITALIE.

L'histoire de cette belle contrée remonte en l'an 1800 avant J.-C., diverses tribus fournirent successivement, puis au détriment les unes des autres, à sa population, qui, en 1180 (Voy. *page* 13), fit cause commune et adopta le système monarchique.

MONARCHIE D'ÉNÉE.

D'Énée, Ier roi d'Italie (1180) avant J.-C. — à la fondation de Rome (754) avant J.-C., 8 rois formant 426 ans.

Pendant lesquels Ascagne, fils d'Énée, fonde Albe-la-Longue, et en fait la capitale du royaume (1158). — Amélius, usurpe le trône à son frère Numidor, assassine son neveu, force sa nièce Rhéa-Sylvia à se faire vestale, mais elle viole son vœu, et donne le jour à Rémus et Romulus, jumeaux exposés sur le Tibre, sauvés et élevés par la femme de Faustulus, intendant d'Amélius. Ce dernier est chassé à son tour par Rémus et Romulus, qui replacent Numidor sur son trône et fondent sur le Mont-Paladium une bourgade qu'ils nomment

De J.-C.

Rome et la peuplent de brigands, mais bientôt grâce au génie conquérant de ses habitants, Rome devient la capitale du royaume, la maîtresse de l'univers, la reine du monde chrétien, seul titre qui lui reste aujourd'hui, car, comme tout ici-bas, Rome a eu ses revers.

MONARCHIE DE ROMULUS.

De Romulus, fondateur et premier roi de Rome (754), — à la déchéance de Tarquin (509), 7 rois formant 245 ans.

Pendant lesquels Romulus assassine son frère, enlève les Sabines, guerres, paix avec les Sabins, et fusion des deux peuples, soumission d'Albe-la-Longue en 667 (Voy. *page* 15), vengeance de Brutus et de Collatin, mari de Lucrèce en 509 (Voy. *page* 16), ou fin de la monarchie.

RÉPUBLIQUE.

De la déchéance de Tarquin-le-Superbe, dernier roi de Rome (509). — A l'avénement d'Auguste, premier empereur romain, 478 ans.

Pendant lesquels Rome est prise par les Gaulois (399), première guerre punique (264), nombreuses conquêtes, deuxième et troisième guerre punique, César Triumvir, assassiné (17 mars 45), second triumvirat, et élévation d'Octave-César à l'empire, sous le nom d'Auguste (Voy. *page* 17, 18, 19).

EMPIRE D'OCCIDENT.

D'Honorius Ier, empereur d'Occident, et 78me empereur romain (395), à Romulus - Augustule, der-

DE J. C.

nier empereur d'Occident (476), époque où finit cet empire (Voy. *page* 26), par le fait d'Odoacre, roi des Hérules, qui vient s'emparer d'une couronne que le monarque était peu envieux de conserver, et les sujets de défendre.

Onze empereurs formant 81 ans.

Odoacre, maître de l'Italie, prend le titre de Patrice, et ce ne fut qu'à la conquête de Charlemagne (800), que le titre d'empereur fut rétabli, et exista autant que la maison carlovingienne; puis en 962, Othon premier, empereur d'Allemagne, le rétablit sous le nom de Saint-Empire-Romain de la nation germanique, jusqu'à l'an 1806, que disparut l'empire germanique par le fait de Napoléon à la chute duquel (1815), naissent ou sont reconnues puissances indépendantes, composant l'Italie, les États suivants :

Royaume de Naples et des Deux-Siciles, ainsi réunis depuis 1817, Naples est divisé en quinze provinces, et l'île de Sicile en sept intendances, gouvernées par Ferdinand V, le père de ses sujets, né (12 janvier 1810), roi le 8 novembre 1830.

Population, 7,508,000.

Royaume de Sardaigne, comprenant l'île de Sardaigne, les duchés de Savoie, de Gêne, et de Mont-Férat et d'une partie de l'ancien duché de Milan, enfin la principauté de Piémont, le roi actuel de cet État est Charles Albert, né (2 octobre 1798), roi le 27 avril 1831.

Population, 4,280,000.

DE J.-C.

Royaume Lombard–Vénitien, gouverné par un vice-roi autrichien, résidant tour-à-tour à Milan et à Venise.
Population, 4,189,000.

Etats de l'église, comprenant quatorze provinces, et possédant une population de 2,405,000 âmes, gouvernées par le pape élu par les cardinaux, assemblés en conclave, voir la Chronologie des souverains de cet Etat (Voy. *page* 61 à 72).

Duché de Toscane, ayant une population de 1,300,000 âmes compris l'Ile-d'Elbe, gouvernée par l'empereur Léopold II, dont les bienfaits envers sa patrie lui assurent l'immortalité, né le 3 octobre 1797. grand-duc (18 juin 1824).

Duché de Parme, divisé en quatre districts, gouvernés par l'archiduchesse Marie-Louise, ex–impératrice de France, née (12 décembre 1791), mise en posession de ce duché (30 mai 1814), à sa mort cet Etat reviendra à la duchesse de Lucques ou ses ayant-cause.
Population, 431,000.

Duché de Modène, gouverné par François IV, né le 6 octobre 1779, duc, le 9 juin 1815, comme héritier des droits de sa mère, fille d'Hercules III de la Maison-d'Est.
Population, 380,000

Duché de Lucques, gouverné par Charles (1824), héritier du duché de Parme, à la mort de Marie-Louise.
Population, 150,000.

République de Saint-Marin.
Population, 7,000.

ESPAGNE.

Des Phéniciens, peuples d'Asie, viennent s'y établir 1500 avant J.-C. (*voyez page* 13). Ils y trouvent quelques naturels, hommes aux mœurs simples, sans besoins comme sans ambitions, plus tard et successivement diverses peuplades de la Grèce s'y établissent également, puis les Cartaginois y fondent diverses villes et y dominent jusqu'à 201 avant J.-C. (*voyez page* 18), terme où ils en sont chassés par les Romains, qui pendant 7 siècles y donnent des lois; puis lors de la grande invasion, les Suèves, les Vandales, les Alains en 409 de J.-C., les Visigoths en 415, peuples barbares, ravagent ces belles contrées, puis s'y établissent (*voyez page* 15).

Les Goths (Visigoths) les naturels, les premiers colons et quelques tribus de tous ces autres peuples envahisseurs rendent l'Espagne tranquille et indépendante de la domination romaine, 471 de J.-C., et y fondent cette monarchie, dont le suprême pouvoir reste dans les mains des Goths (Visigoths), 241.

En 585, le royaume des Suèves qui avait existé 175 ans, est réuni par Leuvigide à la couronne d'Espagne. En 712, cette dernière passe entièrement sous le joug mahométan (*voy. p.* 27). En 718, un prince espagnol, Pélage ose relever l'étendard de sa patrie; lui et ses successeurs disputent pied à pied le terrain aux Sarrasins, lutte qui dure près de huit siècles, pendant lesquels maints royaumes catholiques et musulmans couvren sol espagnol, affranchi de tout joug étranger en 1492, (*voy. page* 45).

De là, date l'unité et puissance de la monarchie actuelle des Espagnes. A Ferdinand et Isabelle, les catholiques, succède : — Charles-Quint (*voyez page* 125), fils de Jeanne la folle, leur fille, — puis Philippe II, de 1156 à 1598, — Philippe III, de 1598 à 1621, — régence sous Charles II, 1665, — Charles II meurt le 1er novembre 1700, laissant par testament sa couronne à Philippe, duc d'Anjou, petit fils de Louis XIV, qui est roi, non sans de vives oppositions européennes, sous le nom de Philippe V, auquel succède Ferdinand VI, le Bienfaisant, 1746, — Charles III, le Bon, 1759, — Charles IV, 1788, il abdique en faveur de son fils Ferdinand VII, 19 mars 1808, et cède par la force, ainsi que sa famille, à la perfide insasiabilité de Napoléon, tous leurs droits sur les Espagnes et les Indes, 5 mai 1808. Alors Joseph Napoléon, sous les ordres de son frère, cède son royaume de Naples à Murat, pour régner sur celui d'Espagne, 1808 à 1813, laps de temps pendant lequel il vit s'entretuer deux nations de héros. Enfin l'étoile de Napoléon pâlit, 1814, et Ferdinand VII recouvre sa liberté et sa couronne, obtient l'intervention française, 1823, (*voyez page* 54 et 99), et meurt, 1832, laissant par testament le trône à Isabelle II, sa fille (née 8 octobre 1830), au préjudice de son frère don Carlos. A la suite de la guerre civile dont cette infraction à la loi salique a donné lieu (*voyez page* 55), Marie-Christine, régente de la jeune reine, lutte mais en vain contre don Carlos et contre la démo-

De J. C.

cratie, puis se réfugie en France, laissant la régence à Espartero, duc de la Victoire, qui lassant la fortune, s'en est vu abandonné ! obligé de fuir, il s'est retiré en Angleterre. — Avant lui don Carlos, vaincu, et son fils, le prince de Asturies, se sont réfugiés en France, et y jouissent des honneurs d'une bonne garde. — Depuis les revers de ses adversaires, Christine est rentrée en Espagne, où la jeune Isabelle y commence à faire ses petites volontés royales.

Population, 14,800,000.

PRUSSE.

Cette nation, dont l'histoire primitive est très-obscure, connue vers les neuvième et dixième siècles, par ses guerres continuelles avec les Polonais, est conquise de 1230 à 1283, par les chevaliers Teutoniques (ordre militaire célèbre, établi par le duc Frédéric de Souabe, en 1190, pour soigner les croisés, malades ou blessés, (cet ordre par la suite devint très-puissant), qui la possédèrent en souverains, toutefois comme fief relevant de la couronne de Pologne jusqu'à l'issue de la guerre de 1454 à 1466, entre les chevaliers, la Prusse et la Pologne ; cette dernière, victorieuse, s'octroye définitivement toute la Prusse, en suzeraineté et en propriété, la partie occidentale. Elle y abolit l'ordre des chevaliers et s'empare de leur propre domaine, et en 1611 elle investit le duc régnant de Prusse. — Jean Sigismond, (fils de Joachain, Frédéric de Brandebourg, et gendre d'Albert de Brandebourg), qui en 1618 hérite de la

Dᴇ J.-C.

Prusse, par Anne sa femme auquel il succède. — Georges Guillaume de 1619 à 1640. — Frédéric-Guillaume, le Grand, électeur, qui jette les fondements de cette puissance, la rend indépendante de la Pologne, 1657, s'en constitue le souverain et maître, son fils Frédéric Iᵉʳ, le Prodigue, érige ce duché en royaume, 1701. — Ses successeurs sont : Frédéric-Guillaume Iᵉʳ, l'Avare, de 1713 à 1740. — Frédéric II, le Grand, le héros de sa patrie et de son siècle, place la Prusse au premier rang des Etats de l'Europe de 1740 à 1786 — Frédéric-Guillaume II, de 1786 à 1797. — Frédéric-Guillaume III, vaincu à Iéna à Eylau et à Friedland, 1807, par Napoléon, qui le chasse de Prusse. En 1815, il rentre dans ses Etats agrandits et meurt, 1840. — Frédéric-Guillaume IV, aujourd'hui régnant, né le 15 octobre 1795, lui succède à l'âge de 44 ans.

Population, 14,750,000.

EMPIRE OTTOMAN,

COMPRENANT

LA TURQUIE D'EUROPE ET LA TURQUIE D'ASIE.

Ce vaste et faible empire, qui ne tient à la vie que par un fil, et par l'inquiète jalousie des puissances Européennes, à eu cependant une belle place dans l'histoire; à l'apogée de sa puissance, elle fit trembler l'Asie, l'Afrique et le nord de l'Europe, lorsque Mahomet II, un de ses sultans, renversait deux empires, soumettait douze royaumes, s'emparait de deux cents villes, prenait Constantinople, 2 avril 1453, et constituait ainsi son

De J.-C.

empire asiatique Européen, sur les débris de l'empire Grec, ou bas Empire, grandeur toujours croissante sous ses successeurs, jusqu'à la bataille de Lépante, 2 août 1571, et de cette époque toujours décroissante jusqu'à ce jour. Les causes principales de sa décadence sont : l'anéantissement de sa marine à Navarin, 1827, — L'affranchissement de la Grèce de 1821 à 1827, — de l'Egypte, 1830. — L'Algérie conquise par les Français, 1830. — L'Arménie cédée à la Russie : la Maldavie, la Servie, la Valachie rendues indépendantes, moyennant un faible tribut; les guerres onéreuses soutenues avec l'Autriche, la Russie, 1828, — l'Egypte 1839, et enfin, l'indiscipline des Janissaires, milice redoutable disposant à leur gré de la vie des sultans. Des troupes disciplinées à l'européenne ont succédé aux Janissaires, anéantis par Mahomed III, prédécesseur du sultan actuel. — Addul-Medjid, né le 19 avril 1823, sultan ou empereur, 30 juin 1839.

Population, 9,000,000

SUÈDE ET NORWÉGE.

La Suède, féconde en révolutions, séparée du Danemarck depuis 1523, réunit la Norvège à sa couronne, 1813, a pour roi actuel Bernadotte, général de l'empire, né à Pau, 26 janvier 1764, couronné roi de Suède, 11 mai 1818, et de Norvège, 17 septembre suivant, sous le nom de Charles XIV.

Population, 4,219,000.

De J.C.

DANEMARCK.

Le Danemarck, vieille puissance à laquelle fut soumise la Suède avant 1523, perd la Norvège, 1813, jadis État indépendant, puis réuni aux deux autres (*voyez page 43*) ; le roi actuel de Danemarck est Christian VIII, né le 16 septembre 1786, roi le 3 décembre 1836.

Population, 2,050,000.

Voir à la première partie de cet ouvrage et à l'histoire d'Angleterre, page 104 et suivantes, les articles qui concernent cette nation.

PORTUGAL.

Cet état, après avoir subi en partie les vicissitudes de l'Espagne, est arraché des mains des Arabes par Henri de Bourgogne, qui le laisse à Alphonse, son fils (1112), lequel le rendit entièrement indépendant à la journée du 25 juillet 1139 (Voy. *page 39*). Au seizième siècle, le Portugal devient colossale puissance maritime par ses conquêtes en Asie et en Afrique, par celle du Brésil (1500), puis tout à coup tombe sous la férule espagnole (24 juin 1580) par la conquête de Philippe II, et ne redevient indépendante qu'au 1er décembre 1640, par le fait de la révolution qui place Jean IV de Bragance sur le trône portugais, qui par les mains habiles du marquis de Pombal jette une dernière étincelle de splendeur. En 1807, invasion française ; en 1827, don Miguel, frère de don Pedro IV, dépouille sa nièce dona

Maria et est chassé par don Pedro (1833), qui rétablit dona Maria, aujourd'hui régnante, née le 4 avril 1819, reine le 2 mai 1826.

Population, 3,700,000.

HOLLANDE.

Ce peuple, d'origine batave, brave et ami de la liberté jusqu'au fanatisme, fut respecté des Romains, puis devint leur ami dévoué. Dans la suite, de comté, passe alternativement du stathourat à la république, puis à la monarchie, lors de l'invasion française, au profit de Louis Bonaparte, de 1806 à 1810; réuni à la France de 1810 à 1814, revint indépendant sous Guillaume Ier, de 1814 à 1831; royaume de Hollande de 1831 à ce jour, sous Guillaume II (7 octobre 1840), roi aujourd'hui régnant, né le 6 décembre 1792.

Population, 2,974,000.

BELGIQUE.

Ce pays, soit qu'il fût sous la domination bourguignonne, flamande, autrichienne, espagnole, française, hollandaise, ne connut guères les douceurs d'une tranquillité parfaite; réunie, en 1814, à la Hollande, sous le nom de royaume des Pays-Bas, elle se soulève encore contre son commun roi, se déclare monarchie indépendante et élit (4 juin 1831) Léopold Ier de Saxe-Cobourg, aujourd'hui régnant, né le 16 décembre 1790.

Population, 4,100,000.

GRÈCE.

Que dire, lorsque l'on a si peu d'espace à consacrer à l'histoire d'une nation si riche de souvenirs! Dois-je parler de ces hauts-faits d'armes, de ces sillons fertilisés par le sang de tant de héros! Dois-je parler de ces savants, dont les écrits lumineux refléteront leurs rayons jusque dans les siècles les plus reculés! Dois-je parler de ces monuments, dont les glorieuses ruines prouveront à nos arrière-neveux combien était grande, était riche l'intelligence de ces êtres justement déifiés (toutefois si on regardait en la créature l'œuvre du créateur). Non! je ne puis, car ma plume trop timide ne saurait tracer d'aussi belles choses, et mon papier insoumis ne voudrait étaler ses feuilles pour un maître si peu digne de traiter un si grand sujet! Laissons donc la Grèce et ses merveilles scientifiques et artistiques poussées au plus haut degré de savoir possible chez l'espèce humaine; laissons, enfin, l'antique Grèce et ses trente-huit siècles d'existence, et ne parlons que de la Grèce au dix-neuvième siècle, au commencement duquel se trouvant placée sous la domination des Turcs-Ottomans depuis environ 250 ans, elle essayait, mais en vain, de reconquérir son indépendance.

En 1804, le fameux Ali, pacha de Janina, extermina les rebelles, mais en 1821, la Grèce entière se souleva, et pendant neuf ans consécutifs fit des prodiges de valeur à Missolonghi, à Athènes, à Neuplie, de 1825 à 1826. Les batailles navales de Navarin, où combattirent

De J.-C.

pour elle la France, l'Angleterre, la Russie (20 octobre 1827 et juillet 1829), décidèrent de son sort.

Le général Maison débarque à Calamata au mois d'août suivant, et Ibrahim-Pacha, à la tête des Turco-Égyptiens, évacue le sol de la Grèce (septembre 1829), désormais fertilisé par le soleil de la liberté.

La Grèce, proclamée indépendante (3 février 1830), forme une république gouvernée par le comte Capo-d'Istria, assassiné en 1831, puis monarchie (7 mai 1832, a pour roi actuel Othon Ier, fils du roi de Bavière, né le 1er juin 1815.

Population, 950,000.

FIN DE L'HISTOIRE D'EUROPE.

ASIE.

Cette partie la plus vaste et la plus populeuse de l'ancien continent, renferme un grand nombre de nations vivant sous des lois, des coutumes et des religions différentes de sa civilisation antique et de notre civilisation européenne; ses principaux peuples actuels sont:

CHINE.

Jamais récit ne fut plus fabuleux que l'histoire des premiers temps de cette nation, à laquelle les auteurs du pays donnent une antiquité de plusieurs millions d'années. Pour remplir un si long espace de temps, ils font paraître une série de dynasties de rois, d'une manière si invraisemblable que je me garderai bien d'en faire mention; mais ce qui du moins est certain, c'est que l'histoire de cette puissance, la plus sage et la plus

De J.-C.

antique du globe, remonte à la dispersion des peuples, arrivée 2,970 ans avant J.C., époque où les enfants des hommes se séparèrent en diverses tribus; Sem et sa famille furent s'établir au cœur de l'Asie qui prit alors le nom de China, l'an 2,953 avant J.-C.

Parmi ses empereurs électifs, je dois citer Fouhi, le fondateur de cet empire, qui donna des habits particuliers aux hommes et aux femmes; avant lui, tous les sexes étaient confondus; Chin-Nong, le premier agriculteur; puis viennent cinq autres empereurs peu célèbres; puis Yao, 2,357, sous le règue duquel, en 2,298, arriva une inondation si terrible que maints savants l'ont confondue avec le déluge universel; puis Chune, 2,258, 9e et dernier empereur électif, à la mort duquel, 2,197, s'établit pour toujours le système de la monarchie héréditaire qui compte 22 dynasties.

Sous une desquelles (Songs) 1250, les Chinois passent sous le joug des Mogols pour un siècle environ, par le fait de Cublai, leur vainqueur et fondateur de la 20me dynastie (1276), puis sous la dynastie suivante, elle redevient indépendante (1368, puis passe sous les Tartares-Mantchous (1647), ce qui donne naissance à la 22me dynastie, dont est 6me empereur Tartare de la Chine, aujourd'hui régnant, Tao-Kouang (1821). (*Voy. page* 55.)

Population : 250,000,000.

(Nota.)— C'est au 3me siècle avant J.C., que fut commencée cette muraille si célèbre que la Chine fit élever pour se défendre des nouvelles incursions des Tartares, peut-être aussi pour occuper plusieurs millions de soldats restés inactifs par la paix intérieure et extérieure; la longueur de cette muraille est de 2.000 kilomètres (500 lieues), sa hauteur de 8 mètres 77 centimètres, son épaisseur de 6 mètres 82 centimètres; à sa base elle est de 8 mètres 12 centimètres.

PERSE.

Cette puissance à l'origine obscure et fabuleuse passe de la dominiation des Kalifes (652), à celle des Mogols (1,258), est indépendante 1,500 ans vaincue par le Afghans, encore indépendante, soumet l'Afghanistan (1,736), — depuis, usurpation, anarchie, guerre civile L'empereur actuel est Mohammed-Mirzaa.

Population : 12,000,000.

Les autres états sont : le JAPON, AU-KANS, AFGHANISTAN, SUMATRAS, la NOUVELLE-HOLLANDE, la NOUVELLE-GUINÉE, ILES OCÉANIQUES au sud-est de l'Asie, etc. etc. ; INDE, contrée méridionale de l'Asie, située entre la Chine et la Perse, divisée en deux parties par le Gange : 1° l'INDOSTAN, 2° l'empire BIRMAN; celui d'ANAM, composé de la COCHINCHINE et du TONQUIN; le royaume de BIRMAN, d'ASCHAM, de SIAM et de MALACCA. L'Inde ne fut bien connue qu'au règne du grand Alexandre, et les Européens ne commencèrent à y trafiquer qu'en 1,500 de notre ère.

Une grande partie de l'Asie appartient aux puissances Européennes, et par conséquent suit les vicissitudes de ses métropoles, traitées en leur lieu et place.

La Russie possède en Asie toute la partie septentrionale. L'empire Ottoman y possède les provinces situées entre la mer Noire, le Tigre et l'Arabie.

LA HOLLANDE. —Malacca, Java et Batavia sa capitale ; Sumatra, Bornéo, Macassar etc.

L'ANGLETERRE. —Le Bengal et Calcutta sa capitale; Ba-

DE J.-C.

har, Madras, Bombay et presque toute la côte de Mala-
bar; Ceylan, Carneys, Otaïti etc. . . .

 LA FRANCE. —Pondichéri, Karikal, Mahé, Chandernagor. . .

 L'ESPAGNE. — Les îles Philippines, Mariannes, Caro-
lines. . . .

 LE PORTUGAL. — Goa, Dieudelli...

(Voir à la première partie de cet ouvrage les articles qui concernent ces
peuples.)

FIN DE L'ASIE.

AFRIQUE.

Cette partie de l'ancien continent a eu aussi ses jours
de gloire et de splendeur, et sans parler des dires de divers auteurs qui en traitent, la simple tradition humaine
et monumentale traversant 47 siècles, a porté jusqu'à
nous le souvenir:— de la fondation du royaume d'Égypte,
— de celle de la célèbre Thèbes, — de la non moins
célèbre Memphis, — du lac creusé par Mœris, — de la
fondation de la bibliothèque de Thèbes, — du règne du
grand Sésostris (1643), magnanime et illustre conquérant et législateur, — de la construction des Pyramides
(la première, érigée par Chéops, a 150 mètres d'éleva-
tion, largeur à sa base, 243 mètres, la deuxième 102,
et la troisième 93 mètres de haut; elles sont bâties de
forme carrée, etd atent des 12ᵉ et 13ᵉ siècles avant J. C.);
— de la fondation, ou du moins de l'immense agrandissement de Carthage (*voyez page 14.*); — de la ruine
de la fameuse Thèbes, digne rivale de Babylone et de

De J.-C.

Ninive, par Cyrus, qui réunit l'Egypte à la Perse, lesquelles passèrent toutes deux sous la domination puissante du grand Alexandre *(voyez page 17)*, puis enfin, sous celle des Romains, dont elle suit les vicissitudes, puis passe aux Vandales (428), aux Romains (534), et aux Arabes (697) qui, avec les Turcs, les Espagnols, les Portugais, s'en disputent le territoire, dont l'intérieur est, si j'ose le dire, inhabité et sauvage. Restent donc les côtes, dont les principaux peuples actuels sont:

MAROC.

Cet empire Mahométan, après avoir été sous la férule des Grecs, des Romains, des Vandales, des Arabes, donna en cette qualité des maîtres à l'Espagne qui le vainquit à son tour. Sur les ruines de la splendide puissance des Kalifes, s'élèvent diverses dynasties, dont la dernière est celle des Schérifs (1,516), famille de Mahomet aujourd'hui règnante.

En 1,815 y éclate une sédition, et 30,000 hommes y périssent; — troubles de 1,822; démêlés avec la France (1,844), sous Abderrhaman, empereur actuel *(voyez page 56)*.

Population : 14,000,000.

Les autres principaux états de l'Afrique sont: —l'Algérie, conquise par les Français, le 15 juillet 1,830; — Tunis (3,500,000 âmes) ; — Egypte (4,000,000 âmes) ; — Abyssinie (4,000,500 âmes), etc....

Voir à la première partie de cet ouvrage les articles qui concernent ces peuples.

FIN DE L'AFRIQUE.

AMÉRIQUE.

Ce nouveau monde, ou quatrième partie de notre globe, fut découvert par Christophe Colomb (12 octobre 1492 au 1er août 1498), jour auquel il mit le pied sur la terre continentale de l'Amérique, que nous divisons en trois parties.

AMÉRIQUE SEPTENTRIONALE.

ÉTATS-UNIS, capitale New-York. — Cet état, fédératif et républicain, secoue le joug de la métropole anglaise (Voy. *page* 25). Indépendance reconnue et paix signée (3 septembre 1783) ; agrandissement de cet état ; guerre avec l'Angleterre, de 1812 à 1815, et paix usqu'à ce jour.

Population, 17,000,000.

MEXIQUE, capitale Mexico. — Connu des Européens à la conquête qu'en fit Fernand-Cortez au profit de l'Espagne (1519). En 1808, il veut se rendre indépendant et y parvient (24 août 1828) se proclamant république. En 1838, le 28 novembre à deux heures, l'amiral Baudin et le prince de Joinville reçoivent la capitulation de Saint-Jean-d'Ulloa, qui force les Mexicains à laisser les Français s'établir sur leur territoire et y faire le commerce de détail, droits qu'ils venaient récemment de méconnaître.

Population, 7,850,000.

Dr J.-C.

GUATIMALA. — Confédération située au centre de l'Amérique, devient aussi indépendante (1821), et se constitue république fédérative (1823).

Population, 1,700,000.

AMÉRIQUE MÉRIDIONALE.

BRÉSIL, capitale Rio-Janeiro, autrefois Santa-Cruz, découvert au profit du Portugal (24 avril 1500), fut l'objet de convoitise des Espagnols, des Français, des Hollandais, des Anglais, demeure enfin, à l'évacuation hollandaise, paisible colonie portugaise, jusqu'au 12 octobre 1822, qu'il se sépare définitivement et se constitue état indépendant. L'empereur actuel est don Pedro II, élu en 1832 sous tutelle, n'étant âgé que de 6 ans.

Population, 5,250,000.

PÉROU, capitale Lima. — Découvert en 1526, se rend indépendant de l'Espagne et se proclame république (22 novembre 1824), sous la protection de Bolivard et du général Sucre.

Population, 1,700,000.

COLOMBIE. — République divisée, depuis 1831, en trois autres républiques indépendantes, savoir : Equateur, population, 630,000. — Vénézuella, population, 400,000. — Nouvelle-Grenade, population, 1,200,000.

DE J.-C.

BUENOS-AYRES. — République à laquelle se rallient les puissances de la Plata, secoue le joug de la métropole espagnole et est aujourd'hui divisée en deux états : République argentine, capitale Buénos-Ayres, et le Paraguay, capitale Montevideo, population, 175,000. Le Paraguay se déclare libre et république indépendante de l'Espagne (24 septembre 1826), population, 300,000.

CHILI. — Secoue également le joug espagnol (1822); république, depuis 1818, reconnue telle par les puissances européennes; capitale Santa-Anna, population, 1,300,000.

ILES AMÉRICAINES.

GRANDES-ANTILLES. — Haïti (Saint-Domingue), capitale Port-au-Prince, république indépendante depuis 1822, découverte le 5 décembre 1492, au profit de l'Espagne, par Colomb, population, 950,000.

Cuba et Porto-Rico, possessions espagnoles.

Jamaïque, possession anglaise.

PETITES-ANTILLES. — Guadeloupe, Martinique, Marie-Galande, possessions françaises.

Barbade, Antigou, Saint-Christophe, Nièves, Monserrat, Barboude, Anguille, les Vierges, Saint-Vin-

De J. C.

cent, Saint-Domingue, Grenade, la Trinité, Tabago, Sainte-Lucie, Saint-Barthélemy, Saint-Eustache, Saba, Saint-Martin, Sainte-Croix, Saint-Thomas et Saint-Jean, possessions anglaises.

———

Bouaire et Marguerite, possession colombienue.

———

Curaçao, possession hollandaise.

———

Enfin, quelques autres îles américaines, ou pour mieux dire, océaniques, telles que Tahiti, gouvernée par la reine Pomaré, aujourd'hui régnante (Voy. *page* 56.)

République d'Indiana, indépendante depuis 1816.

Voir à la première partie de cet ouvrage les articles concernant ces peuples.

FIN DE LA DEUXIÈME PARTIE.

CÉLÉBRITÉS

DE TOUS LES TEMPS, DE TOUS LES GENRES ET DE TOUS LES LIEUX.

DU DÉLUGE A CE JOUR,

PAR AMÉDÉE DE VASSAL, BARON DE MONTVIEL.

A

Anaximandre. — Philosophe, inventeur de la sphère, et des figures géométriques, né à Milet (610 avant J.-C.).

Apelles. — Peintre grec du troisième siècle avant J.-C.

Apollodore. — Célèbre architecte sous Trajan, mort (130 de J.-C.).

Archimède. — Né à Syracuse (286 avant J.-C.), grand géomètre, astronome, physicien, inventeur de plus de cinquante machines telles que : la vis d'Archimède, la vis sans fin, la poulie mobile, le cric, etc., découvrit la force du levier, et les lois sur l'équilibre.

DE J.-C.

Acron. — Médecin, guérit, en 444 avant J.-C., les Athéniens de la peste en allumant des feux dans les rues.

Adamus. — Célèbre architecte écossais, né en 1728, mort en 1792.

Adeler. — Illustre marin norwingien du dix-septième siècle.

Arago. — Astronome, illustre savant, né à Stagel, près Perpignan, le 26 février 1786, député depuis 1834.

Anquetil. — Historien, né à Paris, le 20 janvier 1723, meurt, le 6 septembre, laissant une Histoire de France, et un précis d'Histoire Universelle.

Antoinette. — Reine de France, née à Vienne (Autriche), le 2 novembre 1755, épouse, le 16 mai 1770, le duc de Berry, devenu Louis XVI, est exécutée le 16 octobre 93, laissant le duc de Normandie, né le 27 mars 1785, depuis Louis XVII, et la duchesse d'Angoulême, aujourd'hui âgée de 67 ans.

Ausonne. — Illustre poëte, né à Bordeaux (309), mort (294 de J.-C.).

Anacréon. — Poëte lyrique, du sixième siècle avant J.-C., étranglé par un pépin de raisin, à 85 ans.

Azon. — Auteur arabe (écrivit sur la petite vérole) du septième siècle.

Alcuin. — Écrivain universel, illustre dans les lettres et les sciences, né en Angleterre (735), vint à la cour de France (789), Charlemagne le combla de présents, et lui permit de se retirer à l'abbaye de Tours (800), où il établit une école et y enseigna.

Alfarabi. — Premier philosophe arabe, mort (950 de J.-C.).

Df J. C.

Abeilard. — Écrivain et prédicateur, célèbre par ses malheurs et son génie, né à Palais, près Nantes (1079), mort dans un couvent (1142), près Châlons-sur-Saône.

Aboul-Féda. — Historien et géographe arabe de 1273 à 1331.

Albert. — Professeur de philosophie à Cologne, où il eut une immense affluence d'auditeurs, et sa renommée s'étendit en plusieurs royaumes, né en Souabe (1195), mort à Cologne le 15 novembre 1280, béatifié (1622). Les livres si populaires, si peu dignes de l'être, connus sous les titres des Secrets de Grand et de Petit-Albert, par un grossier et ridicule mensonge, lui sont attribués.

Amérie-Vespuce. — Né à Florence (1441), découvre plusieurs îles, côtes et passages, et donne son nom au Nouveau-Monde, découvert par Colomb.

Albuquerque. — Le grand vice-roi de Indes-Portugaises, au quinzième siècle.

Alain-Chartier. — Écrivain et poète français, né à Bayeux (Normandie) en 1386.

Agnès-Sorel. — Maîtresse de Charles VII, née à Fromenteau (Touraine) en 1409, morte en 1450, après avoir résidé cinq ans à Loches.

Amyot. — Traducteur des Vies de Plutarque, né à Melun (1513), mort (1593).

Agricola. — (Allemand), créa la science minéralogique et métallurgique, né le 14 mars 1494, mort le 21 novembre 1555.

Arioste. — Célèbre poète italien, auteur d'Orlando-

DE J.C.

Furioso, poëme immortel qui lui coûta dix ans de travail, mort indigent à Ferrare, à l'âge de 58 ans.

Adam Billaut. — Menuisier poëte du dix-septième siècle, né à Nevers, mort en 1662.

Agnesi — Femme illustre dans les lettres, les mathématiques, la philosophie, née à Milan, le 16 mars 1718, y meurt âgée de 81 ans.

B

Belisaire. — Illustre capitaine du Bas-Empire, meurt en disgrâce en 565 de J.-C.

Benoît (saint). — Fondateur de l'Ordre des Chartreux, né à Cologne en 1051 de J.-C.

Barthole. — Italien savant, jurisconsulte du moyen-âge, auteur des Commentaires sur le droit romain, né en 1311, mort en 1356 à Pérouse.

Brantome. — Homme de cour, auteur des illustres de son temps, né à Brantome (Périgord) en 1527, mort en 1614.

Bacon. — Célèbre famille anglaise, illustre dans les arts, la littérature, la magistrature depuis le treizième siècle.

Baron. — Élève et ami de Molière, illustre comédien, né à Paris en 1657, mort en 1724.

Bassompierre. — Général célèbre, écrivit sur le règne de Louis XIII, né en Lorraine, le 22 avril 1579, mort à Vitry (en Brie), le 12 octobre 1646.

Bourdaloue. — Illustre prédicateur jésuite, né à Bourges (1632), mort (1704).

De J.-C.

Bougainville. — Célèbre navigateur, découvrit l'île de Taïti, né à Paris (1729), meurt sénateur (1811).

Buffon. — Né à Montbart (en Bourgogne), le 7 septembre 1707, mort à Paris en 1788. ses ouvrages sont : Histoire Naturelle, Époques de la Nature, Théorie de la Terre, Histoire des Minéraux, ses traductions : Statistiques des Végétaux de Halès, le Traité des Fluxions de Newton.

Bossuet. Évêque de Meaux, célèbre comme auteur et orateur chrétien, l'oraison funèbre d'Anne d'Autriche (1666), de la reine d'Angleterre (69), sont de ses chefs-d'œuvre, né à Dijon (1627), mort (1740).

Boileau-Despréaux. — Ses satires, son art poétique, l'ont immortalisé, né le 1er novembre 1636, à Paris, mort le 13 mai 1711.

Boïeldieu. — Compositeur de musique, une statue lui est élevée sur le quai de Rouen, sa patrie.

Beauharnais. (Eugène de). — Vice-roi d'Italie, né à Paris, le 3 septembre 1781, fils adoptif de Napoléon, époux de sa mère, meurt d'apoplexie, le 26 février 1824, à 42 ans.

Beaumarchais. — Grand spéculateur, auteur des drames : Eugénie, les Deux Amis, le Barbier de Séville, du Mariage de Figaro, comédie ; né à Paris en 1732, mort le 17 mai 1799.

Byron. (Lord). — Illustre écrivain anglais.

Bernardin. (de Saint-Pierre). — Célèbre écrivain littéraire, fut l'ami de Jean-Jacques, dont la vie aventureuse eut tant de rapport avec la sienne, ses chefs-d'œuvre sont : les Études de la Nature, Paul et Virgi-

De J. C.

nie, la Chaumière Indienne, né au Havre en 1764, mort près Pontoise en 1814.

Bernadotte. — Né à Pau (en Béarn), le 26 janvier 1764, de général français devient roi de Suède et de Norwège en 1818, et règne encore sous le nom de Charles XIV.

Barri (la du). — Née à Vaucouleurs (Meuse) en 1744, maîtresse de Louis XV, guillotinée (7 décembre 1793).

Bayle. — Fameux philosophe protestant, né à Carla (Foix), mort à Rotterdam (1706). Son dictionnaire, sa tolérance ont fait sa gloire.

Bolivar. — Guerrier célèbre dans les guerres de l'indépendance des colonies espagnoles, américaines, né à Carraccas (1785), mort 17 décembre 1830.

Balzac. — Illustre et fécond romancier de notre époque, auteur du Lys dans la Vallée, Eugénie Grandet, du Livre Mystique, des Cent Contes Drolatiques, né à Chinon (Indre-et-Loire).

Breguet. — Célèbre horloger suisse, né à Neufchâtel (1747), mort à Paris (1823).

Berton. — Né près Sédan (1774), membre de la Charbonnerie, arrêté le 17 juin 1822, exécuté le 15 octobre suivant.

Bonaparte (NAPOLÉON). — Né en Corse (15 août 1769, consul 11 novembre 1799, empereur 18 mai 1804, roi d'Italie 17 mars 1805, part en exil à l'île d'Elbe le 28 avril 1814, revient le 1er mars 1815, arrive à Saint-Hélène le 15 octobre 1815, et y meurt le 5 mai 1821, est inhumé aux Invalides le 15 décembre 1840.

DE J.-C.

Ce grand homme sauva la France d'un plus long règne de désolation, rouvrit le temple de Dieu, couvrit sa patrie de gloire ; la postérité lui reproche avec raison son divorce avec Joséphine, la mort du duc d'Enghein, sa perfidie envers le roi d'Espagne, son insatiable ambition (*Voir mon Histoire de France, Consulat, Empire*).

(JOSEPH). — Né en Corse en 1768, roi des Deux-Siciles en 1806, roi d'Espagne en 1808, part pour New-York, près Philadelphie (*Voir mon Histoire d'Espagne*).

(LOUIS). — Né en Corse le 2 septembre 1778, roi de Hollande le 5 juin 1806, quitta bientôt son poste pour la vie privée.

(LUCIEN). — Né en Corse, en 1775, montra à la révolution un talent hors ligne.

(JÉRÔME). — Né en Corse, le 15 décembre 1784, roi de Westphalie, en 1807, jusqu'en 1812.

Bayard (Pierre du Terrail). — Surnommé le bon chevalier sans peur et sans reproche, né en Dauphiné, en 1476, apparut, comme dernier éclair lancé par l'astre expirant de la chevalerie du moyen-âge.

Berryer. — Sublime orateur de notre époque, jusqu'ici sans rival, le héros et la gloire de la tribune, du barreau et du parti légitimiste.

Béranger. — Né à Paris, en 1780, célèbre chansonnier, souvent persécuté pour sa muse démocratique, restée muette depuis 1833. Quand et comment le réveil ?

DE J.-C.

C.

Coriolan. — Général romain du cinquième siècle avant J.-C.

Camille. — Surnommé le second fondateur de Rome, mort 365 ans avant J.-C.

Cicéron. — Illustre orateur romain, joue un rôle actif dans les affaires de la république, mort 49 ans avant J.-C.

Cornélius-Népos. — Écrivain latin.

Corinne (de Thèbes. — Poëte grec, rival et contemporain de Pindare.

Corneille (Pierre), (le Grand). — Poëte tragique, né à Rouen, en 1606, mort en 1684, à 78 ans, auteur du *Cid*, tragédie, en 1637.

Corneille (Thomas). — Poëte tragique, né à Rouen, en 1625, mort en 1709, à 84 ans, a laissé un dictionnaire historique et géographique.

Campistron. — Auteur de la destruction de plusieurs pays, mort 363 ans avant l'ère chrétienne.

Cassini. — Né à Nice, auteur de la carte qui porte son nom, dressée vers la fin du dix-huitième siècle.

Cook (Jacques). — Célèbre navigateur anglais, né en 1728, est massacré, le 14 février 1779, par les insulaires.

Choiseul. — Famille du Languedoc illustre dans les armes, depuis le quatorzième siècle.

Chaptal. — Fondateur de plusieurs établissements et auteur de diverses machines, né à Nozaret (Lozère), en 1756, mort en 1832

De J.-C.

Colin (d'Harleville). — Poète dramatique, né en 1757, près Chartres, mort à Paris, en 1806.

Condillac. — Célèbre philosophe et métaphysicien, né à Grenoble, en 1705, mort en 1780.

Collot. — Auteur dramatique, premier dénonciateur de 93, né en 1751, mort le 8 janvier 1796.

Cuvier. — Naturaliste, né à Montbelliard, en 1769, mort à Paris, en 1832.

Canova. — Sculpteur italien du dix-neuvième siècle.

Châteaubriand (vicomte de). — Né à Saint-Malo, en 1769. Les chefs-d'œuvre de cet illustre écrivain parus jusqu'à ce jour sont : Atala (1801), Génie du christianisme (1802), les Martyrs (1809).

Copernic (Nicolas). — Astronome prussien ; il approuva le système qui fait tourner les planètes autour du soleil de l'ouest à l'est, et qui donne à la terre un mouvement de circonvolution autour du soleil, un de rotation sur lui même, né en 1473, mort en 1543.

Calvin. — D'abord Cauvin, né en 1509, à Poyan, fut le deuxième chef de la réforme religieuse, et ses partisans prirent le nom de calvinistes.

Carrache (les). — Famille de peintres italiens, de 1545 à 1618.

Coligni (amiral). — Né à Châtillon-sur-Indre, en 1517, amiral protestant mort victime de la Saint-Barthélemy, dans la nuit du 23 au 24 août 1572.

Cervantes (Miguel). — Ecrivain espagnol, né à Alcala (Nouvelle-Castille), en 1547, auteur de don Quichotte, mort indigent, le 23 avril 1616.

De J.-C.

Crébillon. — Poète tragique, né à Dijon, en 1674, mort à 88 ans.

Clément (Jacques). — Dominicain. A 22 ans il assassina Henri III, le 31 juillet 1589; il fut aussitôt écartelé.

Cottin (Mme). — Née à Tonnains (1773), morte le 25 août 1807; ses chefs-d'œuvre sont Amélie de Mansfield, Mathilde et Élisabeth.

D.

Démocrite. — Philosophe grec, né 470 ans avant J.-C., le rieur des folies de l'espèce humaine, contemporain du sage Hippocrate, qui seul sut le comprendre.

Dracon. — Célèbre législateur athénien du septième siècle avant J.-C.

Diodore (de Sicile). — Du premier siècle avant J.-C., met 30 ans à composer sa bibliothèque historique, en 49 livres.

Diogène. — Philosophe athénien du quatrième siècle, célèbre par son mépris pour les commodités de la vie et par sa juste appréciation des hommes.

Démocrate. — Architecte macédonien du quatrième siècle avant J.-C., construisit Alexandrie.

Dominique (saint). — Espagnol. Fondateur des Frères-Prêcheurs, au troisième siècle.

Duguesclin. — Guerrier français, né en 1314, mort en 1380.

De J. C.

Dante (le). — Illustre poète de Florence, de 1265 à 1336.

Delorme. — Architecte français, né à Lyon, construisit les Tuileries, et mourut en 1577.

Démosthène. — Sublime patriote et orateur athénien du quatorzième siècle avant J.-C.

Daim (Olivier le). — Flamand. Barbier de Louis XI, fut pendu à la mort de son maître.

Dorat. — Poète surnommé le Pindare français, au seizième siècle.

Doria. — Ancienne et illustre famille de Gênes, de 1166 à 1839.

Drake. — Navigateur anglais, mort à la fin du seizième siècle.

Duquesne. — Amiral français, né à Dieppe, en 1610, battit son rival et contemporain (Ruyter, amiral hollandais), mourut en 1688.

Descartes. — Célèbre philosophe, auteur d'ouvrages philosophiques, astronomiques, mathématiques et physiques, appliqua le premier l'algèbre à la géométrie et découvrit la loi de la réfraction, fut à la cour de Stockholm (1650), précepteur de philosophie de la reine Christine, né à Lahaye (Touraine) en 1596, où l'on voit encore sa chambre telle qu'elle était, appartenant à M. Faulcon.

Duchesne. — Savant historien et géographe français, né à l'Ile-Bouchard (Touraine), en 1584, mort à Paris, en 1640.

Delorme (Marion). — Maîtresse de Louis XIV, née en 1661, à Châlons-sur-Marne, morte misérable, en 1681.

De J. C.

Dubois (Cardinal). — Né à Brives, 6 septembre 1656, mort à Versailles (1723).

Dacier (M. et Mme). — Écrivains féconds et érudits, monsieur, né à Castres (1651), mort (1722) ; madame, née Tannegui-Lefèvre, née à Saumur (1631), morte à Paris (1720).

Danton. — Terroriste, né à Arcis-sur-Aube (1769), guillotiné, 30 avril 1794.

Daubenton. — Naturaliste et Anatomiste français, né à Montbar (1716), mort (1800).

Dubois. — Médecin, né à Cahors (1756), mort (1805).

Duguay-Trouin. — Illustre marin français, né (1673), mort (1736).

Dupuytren. — Chirurgien, né à Pierre-Buffières (Haute-Vienne), 1777, mort (1835).

Desaix (de). — Général français, célèbre par ses hauts faits, sa douceur et sa justice, né en Auvergne (1768), mort au camp de Marengo, 14 juin 1800.

Diderot. — Ecrivain, auteur avec d'Alembert de l'Encyclopédie, né à Langres (1717), mort (1784).

Ducis. — Grand tragédien, né à Versailles (1732), mort (1815).

Dumarsais. — Illustre grammairien, né à Versailles (1776), mort (1756).

David. — Peintre, né à Paris (1750), exilé (1816).

Duchesnois. — Actrice, née à Saint-Salve (1786), morte (1835).

Delille. — poète, surnommé le Virgile français, né à Aigue-Perse, mort le 1er mai 1813.

DE J.-C.

Damrémont (comte de). — Lieutenant général français, né en 1793, tué au siége de Constantine, le 13 octobre 1837.

Daumesnil. — (jambe de bois), général français, né à Périgueux, mort à Vincennes (1832).

D'Aguesseau. — Célèbre chancelier français sous Louis XIV et Louis XV, né à Limoges, 27 novembre 1668, meurt 9 février 1751.

Deshoulières (Mme). Née à Paris (1633), morte (1794), de son vivant elle eut une brillante réputation comme poète, sa fille hérita de son talent, elle naquit en 1662, morte en 1718 d'un cancer au sein.

E.

Euripide. — Poète grec du cinquième siècle avant J.-C.

Esope. — Fabuliste grec d'une existence douteuse placée au 6e siècle avant J.-C.

Empédocle. — Philosophe médecin et poète, né en Sicile en 444, mort dans l'Etna, 403 avant J.-C.

Esope. — (Romain) vivait 50 ans avant J.-C., acteur tragique très-célèbre.

Eschine. — Orateur Athénien, contemporain de Demosthène, de 387 à 312 avant J.-C.

Epaminondas. — Général Thébain du quatrième siècle avant J.-C.

Epicure. — Philosophe grec, enseigna le bonheur aux hommes par la culture de l'esprit et la pratique des vertus, vivait de 342 à 270 avant J.-C.

De J.C.

Eusèbe. — (de Césarée) du quatrième siècle de J.-C. auteur d'une histoire ecclésiastique en 10 volume.

Eginhard. — Historien, secrétaire de Charlemagne, mort en 839.

Erasme. — Ecrivain célèbre, né à Rotterdam en 1467, mort à Bâle en 1536.

Eugène de Savoie (le prince). — Général de l'empire d'Allemagne, né à Paris en 1663, mort à Vienne en 1736.

Epernon (duc d'). — Né en 1554, fut le familier d'Henri IV, de Marie de Médicis, mort à Loches en 1615.

Enghien (duc d'). — Né à Chantilly, 2 août 1772, enlevé et jugé par ordre de Napoléon, est fusillé le 20 mars 1804 à cinq heures du matin ; à la nouvelle de l'exécution de ce prince, laquelle avait été anticipée de quinze minutes, Napoléon, dit un témoin digne de foi, s'arracha les cheveux. (*Voyez mon Histoire de France, art. Empire*). Que voulait-il donc en faire ?

Eon de Beaumont. — Chevalier, chevalière, né à Tonnerre en 1728; cet être romanesque, qui la moitié de sa vie porta le costume féminin, joua un assez grand rôle à la cour de Russie, de France et d'Angleterre, et finit sa carrière misérable à Londres, en 1810.

Euler. — Illustre géomètre du 18me siècle, né à Bâle en 1701, mort à Saint-Petersbourg, 1783, laissant un grand nombre d'ouvrages.

F.

Frédégaire. — Chroniqueur bourguignon du 6me et 7me siècle de J.-C.

DE J.-C.

Foulques. — Curé de Neuilly-sur-Marne, prêcha la 1re croisade, 12me siècle.

Froissard. — Poète et chroniqueur français, né à Valenciennes en 1323, mort en 1400.

François de Salle. — Né en Savoie en 1567, mort en 1622.

Firenzuola. — Ecrivain toscan, l'ami de l'Aretin, mort en 1548.

François Xavier (Saint). — L'apôtre des Indes, jésuite, mort en 1552.

Fontange (duchesse de). Maîtresse de Louis XIV, née en 1661, morte en 1681.

Fléchier. — Evêque éloquent et écrivain, né à Vaucluse en 1632, y meurt en 1710.

Fox. — Fondateur de la secte des quakers (Angleterre), né en 1624, mort en 1690.

Florian. — Ecrivain français, né dans les Cévennes en 1751, mort à Sceaux en 1794.

Franklin. — Fondateur de la première bibliothèque d'Amérique et gouverneur de la Pensylvanie, né à Boston en 1706, mort en 1790.

Fabre d'Eglantine. — Ecrivain comédien, né à Carcassonne en 1755, exécuté le 5 août 1794 avec Danton et Camille-Desmoulins, ses dignes collègues.

Faucher (César et Constantin). — Jumeaux, nés à La Réole en 1760, nobles victimes politiques, fusillés à Bordeaux, le 27 juillet 1815.

Faure. — Jurisconsulte, né au Havre en 1760, mort à Paris en 1837, conseiller d'Etat.

Ferronière (la belle). — Favorite de François Ier, morte en 1542.

De J.-C.

Feller — Biographe, né à Bruxelles en 1735, auteur d'un dictionnaire historique, mort à Ratisbonne en 1802.

Fénelon. — Périgourdin, né en 1651, archevêque de Cambrai, précepteur du duc de Bourgogne, cet auteur célèbre mourut le 7 janvier 1715.

Fallope. — Italien, chirurgien-anatomiste et écrivain judiciaire.

G.

Grégoire (de Tours). — Le plus ancien de nos historiens, né en Auvergne en 544, mort le 27 novembre 595.

Godefroi de Bouillon. — Illustre chef français de la première croisade, vécut de 1060 à 1100.

Gengis-Kan. — Tartare, illustre guerrier, né en 1164, mort en 1227.

Guillaume Tell. — Célèbre chef de l'indépendance Suisse, vécut de 1307 à 1354.

Georges (de Trébizonde). — Ecrivain grec du 15me siècle.

Galilée. — Célèbre mathématicien, inventeur du pendule, du thermomètre, du compas de proportion, du telescope.... Il confirma le système de Copernic; né à Paris en 1564, mort en 1642.

Genlis (comtesse de). — Née près d'Autun, 1746, morte en 1830, laissant 80 volumes de romans d'éducation.

Garrick. — Célèbre acteur anglais, né à Hereford en 1716, mort en 1779.

De J.-C.

Gilbert. — Poëte satirique, né à Fontenay-le-Château (Lorraine), en 1751, mort en 1780 à 29 ans, ayant avalé la clef de son secrétaire.

Gresset. — Célèbre poëte, né à Amiens en 1709, y mourut le 16 juin 1777.

Grétry. — Illustre compositeur de musique, né à Liége, 11 février 1741, mort le 24 septembre 1813.

Gérard. — Peintre d'histoire, né à Rome en 1770, mort en 1837.

Gros. — Peintre d'histoire, né à Paris en 1777, mort le 26 juillet 1835.

Guizot. — Grand politique, aujourd'hui ministre pour la quatrième fois, né à Nimes en 1787.

Girardon. — Sculpteur, né à Troyes (Champagne), en 1630, meurt en 1715.

Galland. —Picard, né en 1646, traducteur des Contes Arabes, des Mille et une Nuits, meurt le 17 février 1715.

Georges (Mademoiselle). — Née à Amiens en 1788, actrice, jadis maîtresse de Napoléon; elle a encore sur la scène tout le prestige d'une fille de dix-huit ans.

Gabrielle d'Estrée.—Maîtresse d'Henri IV, morte en 1599, au moment d'épouser le roi.

Gazan (de). — Né à Grasse (Var) en 1765, héros de l'empire, immortalisé à la journée du 11 juillet 1795, inspecteur général d'infanterie en 1814, pair de France en 1815.

H.

Homère. — Père de la poésie épique, auteur de l'Iliade (9ᵐᵉ siècle avant J.-C.

De J. C.

Horace. — Auteur de l'art poétique, mort à Rome, le 27 novembre, 745 de J.-C., âge de 57 ans.

Héraclite. — Philosophe grec d'Ephèse du 5me siècle avant J.-C., fut d'un caractère tout opposé à Démocrite, son contemporain.

Héloïse. — Nièce du cruel Fulbert, chanoine aumônier d'Henri Ier; belle, savante, spirituelle, maîtresse, femme d'Abeilard, puis première abbesse du Paraclet.

Hérodote. — Historien grec du quinzième siècle avant J.-C.

Hippocrate. — Le père de la médecine, auteur et illustre médecin grec, né à Cos en 460, délivra Athènes et Abdère d'une épouvantable épidémie, meurt à Larisse, en 380 avant J.-C.

Hésiode. — Célèbre poète grec du quatrième siècle avant J.-C.

Hilaire (Saint). — Évêque de Poitiers, où il naquit, et mourut, en 368 de J.-C.

Harvey. — Illustre médecin anglais, professeur d'anatomie et de chirurgie, né à Folkstone, le 2 avril 1578, mort à Londres, en 1658.

Halley. — Grand astronôme d'Angleterre, né à Londres, le 8 novembre 1656, mort le 25 janvier 1742.

Hoche. — Général sous la république, né à Montreuil, près Versailles, en 1768, mort le 15 septembre 1797.

Hume. — Philosophe historien anglais, né à Édimbourg, en 1711, mort en 1776.

Huniade (Jean-Corwin). — Brave général et gouverneur hongrois du quinzième siècle de J.-C.

De J.-C.

I

Isaure (Clémence). — Fondatrice des jeux floraux (institution savante qui succéda à celle du gai-savoir), illustre Toulousaine, morte à 50 ans, en 1513 de J.-C.

J

Juvénal. — Poète satirique latin du premier siècle de J.-C.

Juvénal (des Ursins). — Magistrat français, né à Troyes, en 1350.

Jean-Bart. — Né à Dunkerque, le 20 octobre 1650, cet illustre marin fut pleuré par Louis XIV.

Joinville (Jean, Sire). — Sénéchal de Champagne, écrivit l'histoire de la 2ᵐᵉ Croisade, mort en 1718, à 90 ans.

Joséphine. — Impératrice des Français et reine d'Italie, née à Saint-Pierre-la-Martinique, en 1761, est répudiée par Napoléon, le 17 décembre 1809, meurt à la Malmaison, le 29 mai 1814.

Jeanne d'Arc (*la Pucelle d'Orléans*). — Née à Domrémy, près Vaucouleurs (Vosges), en 1410, bergère jusqu'à 18 ans, puis guerrière, sauva la France, Jeanne, tombée entre les mains de ses ennemis, fut brûlée vive à Rouen, en 1431 (Voy. *page* 84 et 42 de mon Histoire Universelle).

Jacotot. — Né en 1770, mort à Paris, en 1840, auteur d'une nouvelle méthode d'enseignement, le contre-pied de celle suivie jusqu'à ce jour.

DE J.-C.

Jérémie. — Juif, auteur des lamentations sur le sort de ses frères, si connues sous le nom de Jérémiades, en 607 avant J.-C.

Jasmin. — Coiffeur agenais, surnommé le poète gascon, ses œuvres, ses improvisations, lui ont acquis une juste célébrité.

K

Kléber. — Général français, né à Strasbourg, en 1754, mort au Caire, le 1er juin 1801.

Kosciusko. — Illustre défenseur de la Pologne, né à Varsovie, en 1755, mort à Soleure, en 1817.

L

Lycurgue. — Célèbre législateur spartiate du dix-neuvième siècle avant J.-C., fit distribuer le territoire en portions égales à 30,000 citoyens, substitua le fer à l'or et à l'argent, interdit le mariage à trente ans.

Lucain. — Poète latin, né à Cordoue, l'an 38, mort en 65 de J.-C.

Lucullus. — Romain, célèbre par sa magnificence et ses talents militaires, mort en 49 avant J.-C.

Longin. — Immortel auteur du Traité du Sublime, né à Athènes, en 230, premier ministre de Zénobie (Voy. ce nom), Aurélien, vainqueur de cette princesse, le fit mourir en 273 de J.-C.

Luxembourg. — Surnommé par Louis XIV, le tapissier de Notre-Dame (alors on décorait les murs de Notre-Dame de Paris des drapeaux pris à l'ennemi), né à Ligny, en 1369, mort en 1440.

De J.-C.

L'abbé de l'Épée. — Né à Versailles, en 1712, mort en 1789, laissant à la postérité un éternel souvenir de reconnaissance pour son Institution des Sourds-Muets.

Lafayette (marquis de). — Coopéra à l'indépendance Anglo-Américaine, à la révolution de 89, à l'élévation du duc d'Orléans au trône de France, et mourut à Paris, le 20 mai 1834.

Law. — Habile financier, né à Édimbourg, en 1671, mort misérable à Venise, en 1729, ruina la France sous Louis XV, ou plutôt la France se ruina en faisant, par son enthousiasme, monter les actions à vingt fois leur valeur réelle.

Lesage. — Illustre écrivain français, auteur de Gilblas, etc., etc., né près Vannes, le 8 mai 1668, mort à Boulogne, le 17 novembre 1747.

Lapérouse. — Célèbre navigateur, né à Albi, en 1741, périt dans un voyage aux Indes, on ignore quand et le lieu, la dernière nouvelle qu'on reçut de lui, porte la date du 7 février 1788.

Laplace. — Géomètre et astronôme, né à Beaumont-en-Auge, en 1749, meurt pair de France, le 6 mars 1827.

Lapalice (de Chabannes). — Maréchal de France et gouverneur de plusieurs royaumes, mort à la bataille de Pavie, en 1525 (son château est près de Roanne-en-Forest).

Latour-d'Auvergne. — Premier grenadier de France, né Carhaix (Finistère), en 1743, mort en 1780.

De J.-C.

Lekain (baron). — Acteur tragique, né à Paris, en 1728, mort en 1778.

Lébrun (Charles). — Célèbre peintre français, né à Paris, en 1619, vit fonder l'École de Rome par Louis XIV, en 1666, mort à Paris, en 1670.

Louvois. — Célèbre ministre de Louis XIV, né à Paris, en 1641, fut cruel ennemi du parti protestant, mort en 1691.

Leibnitz. — Savant universel du dix-septième siècle, né à Leipsick, en 1646, mort en Hanovre, en 1716.

Lafontaine. — Grand poète du siècle de Louis XIV, né à Château-Thierry, le 8 juillet 1621, mort à Paris, le 13 avril 1695. — Ses Fables sont inimitables par leur naïveté et l'air de bonne foi avec lequel elles sont racontées.

Labruyère. — Auteur des Caractères, ouvrage immortel, né en Normandie, en 1644, mort à Versalilles, le 10 mai 1696.

Lamartine. — Charmant poète de notre époque.

Lavater (Suisse). — Physiologiste très-célèbre.

M

Machiavel. — Publiciste italien, né à Florence, en 1469, mort en 1527.

Miltiade. — Capitaine athénien, avec 12,000 Grecs bat à Marathon 100,000 Perses, en 490 avant J.-C.

Mahomet. — Fondateur arabe de la religion musulmane ou islamisme, né à la Mecque, le 10 novem-

DE J.-C.

bre 570 de J.-C. (*Voir mon Histoire Universelle*, *page* 27 *et* 29).

Marguerite de Bourgogne. — Reine de Navarre, épouse en 1305 Louis le Hutin, roi de France, qui la fit étrangler à 25 ans, convaincue d'adultère. C'est elle qui est l'héroïne de l'histoire si amplifiée et si populaire, connue sous le nom de la Tour de Nesle.

Monstrelet. — Chroniqueur français, né en Flandre, en 1390.

Montaigne. — Périgourdin, né en 1533, mort en 1592, moraliste, dont les écrits sont recherchés par toute l'Europe.

Michel-Ange. — Sublime peintre toscan, né en 1474, mort en 1564, avec des funérailles somptueuses et inimitées jusqu'à ce jour.

Malherbe. — Poète français, né à Caen, en 1555, mort à 73 ans, en 1628.

Mansard. — Architecte de Louis XIV, né à Paris, en 1645, mort à Marly, en 1666 ; l'hôtel des Invalides, le château de Versailles, la place des Victoires, la place Vendôme, sont des preuves suffisantes de son talent.

Maintenon (madame de). — Femme secrète de Louis XIV, née dans la prison de Niort, en 1635, morte en 1719.

Ménage. — Écrivain du dix-septième siècle, né à Angers, en 1613, mort en 1692.

Mignard. — Peintre, né à Troyes (Champagne), en 1608, mort à Paris, en 1696.

Mezeray. — Illustre historien, né près d'Argenton,

Dᴇ J.-C.

en 1610, mort à Paris en 1683, laissant une histoire de France fort estimée.

Mesmer. — Médécin allemand, créa la fameuse science oculte du magnétisme animal, découverte qui lui donna une grande renommée, né à Mesbourg (en Souabe) en 1734, y meurt en 1815.

Moreau-Victor. — Général de la république française, né à Morlaix, 11 août 1763, mort à Dresde, 2 septembre 1813.

Montesquieu. — Célèbre publiciste, né à Labrède, près Bordeaux, le 18 janvier 1689, mort à Paris le 10 février 1755, auteur de l'Esprit des Lois.

Mozart. — Célèbre compositeur allemand, né à Saltzbourg, le 27 janvier 1756, mort le 5 décembre 1791.

Marmontel. — Littérateur et traducteur français, né à Bordeaux en 1728, mort en 1799.

Mirabeau (comte de). — Sublime orateur, né au Bignon, près Namur, le 9 mars 1749, mort à Paris le 2 avril 1791, après 42 ans d'une vie bien difficile à dépeindre ; après des écarts sans nombre il se jeta dans le parti révolutionnaire, puis sembla s'être attaché à la cause monarchique.

Millevoye. — Grâcieux poète élégiaque, né à Abbeville en 1782, mort le 12 août 1816.

Murat. — Célèbre général français, né à la Bastide, près Cahors, en 1770 ; roi de Naples en 1808 à la place de Joseph Bonaparte (*voir ce nom*), fusillé le 13 octobre 1815.

Muller. — Historien suisse, né à Schaffouse, en 1752, mort le 29 mai 1809.

De J.-C.

Monge. — Illustre savant, fondateur de l'Ecole polytechnique, né à Beaune en 1746, mort de chagrin le 28 juillet 1818.

Mars (Mademoiselle). — Célèbre actrice de la comédie française, joua pour la première fois en 1793, s'est retirée en 1840.

Milton. — Le prince des poëtes anglais, né à Londres le 9 décembre 1608, l'auteur du *Paradis-Perdu*, mourut le 19 novembre 1674.

Massillon. — Evêque de Clermont, célèbre orateur, né à Hyères (Provence) en 1663, meurt en 1742, laissant un grand nombre d'écrits, sermons, etc.

Malesherbe (de la Moignon). — Ministre et défenseur de Louis XVI, est guillotiné le 22 avril 1794.

Marat. — Né en Suisse en 1744, sorti de l'Enfer, il y rentra par la main courageuse de Charlotte Corday, (13 juillet 1793), après s'être gorgé du sang de victimes prises dans tous les rangs de la Nation.

Montmayor. — Le père de la poésie pastorale espagnole, né à Montemor en 1520, mort à Lisbonne en 1562.

Monk. — Célèbre personnage de la restauration anglaise (1660), né le 6 décembre 1608, mort le 3 janvier 1670.

Montespan (marquise de). — Née en 1641, maîtresse de Louis XIV, succéda à mademoiselle de la Vallière en 1670 et précéda mademoiselle de Fontange en 1684, morte dans de grandes austérités en 1709.

Montgolfier frères. — Célèbres inventeurs aéronautes d'Avignon ; la première expérience publique eut lieu

DE J. C.

le 5 juin 1783, le balon pesait 250 kilos, avait 11 mètres 66 centimètres de diamètre (25 pieds), en dix minutes il s'éleva à mille toises.

N.

Nostradamus. — Fameux astrologue, auteur de plusieurs ouvrages, né à Saint-Remi (Provence), mort à Salon en 1566.

Newton. — Créateur de la philosophie naturelle, né à Woolsrop (Angleterre), le 25 décembre 1642, mort le 20 mars 1727.

Ney. — Prince de la Moskowa, né à Sarrelouis en 1769, célèbre général de l'empire, trahit Napoléon et Louis XVIII, est exécuté le 7 décembre 1815.

O.

Origène (d'Alexandrie). — Docteur de l'église, fécond écrivain de 185 à 256 de J.-C.

P.

Phérécide. — Philosophe grec du sixième siècle avant J.-C., le premier qui enseigna philosophiquement l'immortalité de l'âme.

Platon. — Philosophe Athénien, né en 430, mort en 347 avant J.-C., fut par le monde entier nommé le divin.

Praxitele. — Sculpteur grec, né en 360, mort en 280 avant J.-C.

De J.-C.

Perse. — Poëte satirique latin, mort à 48 ans, l'an 6 avant J.-C.

Plutarque. — Philosophe grec, auteur de la vie des hommes illustres, né l'an 50 avant J.-C.

Paul-Émile. — Général romain du douzième siècle.

Périclès (d'Athènes). — Grand homme d'État de 494 à 429 avant J.-C.

Phidias (d'Attique). — Célèbre statuaire de 498 à 430 avant J.-C.

Procida. — Médecin napolitain, auteur du massacre Sicilien, 20 mars 1282.

Pérugin. — Peintre italien (1446), mort en 1524; Raphaël fut son élève.

Pizarre. — Conquit le Pérou, né à Fruello en 1475, mort en 1541.

Patru. — Avocat éloquent, ami de Racine et de Boileau, né à Paris en 1604, mort en 1681.

Papin. — Physicien, né à Blois en 1650, mort en 1709.

Palaprat. — Poëte, né à Toulouse en 1650, mort à Paris le 23 octobre 1721.

Pope (Alexandre). — Célèbre poëte anglais, né à Londres le 2 mai 1688, mort le 30 mai 1744.

Pigalle. — Sculpteur, le tombeau du maréchal de Saxe à Strasbourg est de lui, né à Paris en 1645, mort en 1785.

Paré. — Médecin et auteur de plusieurs ouvrages, né à Laval en 1518, mort en 1590.

Pichegru. — Général républicain, né à Arbois, (Franche Comté) en 1761, Napoléon le fit étrangler le 6 février 1804.

Dr J. C.

Pitt. — Célèbre homme d'État anglais, né à Westminster en 1708, mort 1778 (11 mai).

Pombal. — Ministre portugais, né en 1699, mort en exil en 1787, fut l'ennemi des jésuites et de la France.

Portal. — Médecin et historien, né à Gaillac en 1742, mort en 1832.

Pluche. — Ecrivain laborieux, né à Reims en 1688, mort à Saint-Maur en 1761.

Pompadour (marquise de). — Maîtresse de Louis XV à 22 ans, en 1744, morte à Versailles en 1764, après avoir joui à la cour d'un immense crédit.

Perronet. — Ingénieur célèbre, né à Surène, près Paris en 1708, le canal de Bourgogne, le pont de la Concorde et celui de Neuilly ont été exécutés d'après ses plans.

Poussin. — Premier peintre de Louis XII, né en Normandie en 1594, mort en 1665.

Pascal. — Géomètre illustre, savant philosophe littéraire et scientifique, né à Clermont le 19 juin 1623, auteur des Lettres Provinciales, mort à Paris en 1662, à 39 ans.

Pline l'Ancien et **Pline** le Jeune. — Ecrivains romains du premier siècle de J.-C.

Pétrarque. — Né à Arezzo, 20 juillet 1304, mort près Padoue en 1374, immortel par ses poésies, connues de l'univers, et par son amour pour la belle Laure, qu'il vit la première fois dans l'église d'Avignon le 6 avril 1327, amour qui ne fut jamais alimenté d'aucun espoir ; Laure mourut de la peste en 1348.

DE J.-C.

Q.

Quintilien. — Critique latin du premier siècle de J.-C.

R.

Roscius. — Acteur romain, jusqu'à ce jour inimitable dans l'art de la pantomime du huitième siècle avant J.-C.

Raban-Maur. — Evêque de Mayence, fécond écrivain, mort en 856 de J.-C.

Régulus. — Général romain, mort à Carthage, victime de sa parole, 250 avant J.-C.

Rienzi. — Tribun, insurrectionne Rome le 20 mai 1347, est assassiné le 8 octobre 1354, âgé de 44 ans.

Rollin. — Célèbre professeur de l'Université de Paris, y naquit en 1661 et y meurt en 1741.

Rabelais. — Cordelier, bénédictin et docteur en médecine, spirituel auteur de la célèbre histoire de *Gargantua* et de *Pantagruel*, mort curé de Meudon, en 1553.

Raphaël. — Né à Berlin, en 1483. Le chef-d'œuvre des chefs-d'œuvre de cet inimitable peintre est le tableau de la Transfiguration de Notre-Seigneur sur le Thabor. Mort à 57 ans, le 7 avril 1520.

Richelieu (cardinal duc de). — Aumônier de Marie de Médicis, régente, mère de Louis XIV, puis premier ministre, sut par les armes ou par la ruse déjouer ses puissants ennemis, créa l'Académie française, en 1625.

De J.-C.

bâtit le Palais-Royal, né à Paris le 5 septembre 1585, mort le 4 décembre 1642.

Rubens. — Illustre peintre flamand, né à Cologne, le 29 juin 1577, mort à Anvers, le 30 mai 1640; Marie de Médicis lui fit faire les peintures du palais du Luxembourg, en 1520.

Rousseau (J.-B.) — Poëte tragique, né à Paris, en 1670, fut banni du royaume comme diffamateur par arrêt de 1712; il créa la Cantade, et mourut à Bruxelles, en 1741.

Racine. — Grand poëte tragique et compositeur de divers ouvrages, né à la Ferté-Milon, en 1639, mort en 1699.

Rousseau (J.-J.) — Philosophe, né à Genève, en 1712, fut persécuté pour ses œuvres. Mort en France, en 1778, il a été inhumé au Panthéon (1794), un charmant mausolée lui est élevé à Genève sur le lac Léman.

Rodeney. — Illustre amiral anglais, né à Londres, en 1717, mort en 1793.

Robertson. — Historien écossais, hitoriographe, né en 1772, mort en 1822. Ses œuvres complètes sont en 12 volumes in-8°.

Riquet. — Ingénieur célèbre, né à Béziers, en 1604, mort à Toulouse, en 1680.

Richelet. — Célèbre grammairien, né à Toulon, en 1631, auteur de deux dictionnaires; mort à Paris, le 23 novembre 1698.

Robespierre. — Né à Arras, en 1759, guillotiné le 27 juillet 1794. Si cet homme ne fut pas le plus exécrable de ceux qui gouvernèrent notre malheureuse

De J.-C.

patrie dans ce temps d'aveuglement où des Français courbaient la tête sous la hache fratricide, du moins il en fut le chef; avec lui finit le règne de la terreur, le 17 juillet 1794.

S.

Samson. — Dont la force prodigieuse est passée en proverbe, vivait au douzième siècle avant J.-C.

Socrate. — Philosophe d'Athènes proclamé, malgré ses ennemis, le plus sage des hommes, mort à 30 ans, 440 ans avant J.-C.

Sophocle. — Fécond poëte tragique grec du cinquième siècle.

Strabon. — Auteur d'une géographie précieuse en 17 volumes, né à Cappados, 50 ans avant J.-C.

Shakespeare. — Le roi des poëtes dramatiques anglais, né le 23 avril 1564, mort le 23 avril 1616, laissant à la postérité 52 ouvrages.

Schafelaard. — Capitaine hollandais, se précipite du haut de la tour de Barnevelt, pour avoir la vie sauve de la garnison, en 1545.

Sully. — Duc de Béthune, l'ami d'Henri IV, né à Rosny, en 1560, mort en 1641.

Ségur (de). — Famille de Guyenne, célèbre depuis le treizième siècle.

Ségueur. — Famille d'origine languedocienne, célèbre par ses magistrats aux seize, dix-sept et dix-huitième siècle.

DE J.-C.

Suffren (François). — Chef d'escadre, né en Provence, en 1726, mort en 1788.

Sicard (abbé). — Successeur de l'Abbé de l'Épée, en 1790, né à Fousseret (Lot-et-Garonne).

Sterne. — Écrivain irlandais, né en 1713, mort en 1768.

Sevigné (madame de). — Née le 5 février 1627, morte en 1696. Cette élève de Ménage et de Chapelain laissa à la postérité ses lettres, chef-d'œuvre tiré à plus de cent éditions.

Senèque. — Philosophe né à Rome, an 3 de Jésus-Christ, précepteur de Néron, se donne la mort par ordre de son élève en se faisant ouvrir les veines.

Staël (baronne de). — Née Necker, écrivain français, né à Paris, en 1766, morte le 14 juillet 1817.

T

Thémistocle. — Guerrier athénien du cinquième siècle avant J.-C.

Timoléon. — Général corinthien du quatrième siècle, célèbre par son patriotisme.

Tacite. — Historien latin, vivait de 54 à 135 de J.-C.

Tertullien (de Carthage). — Illustre docteur de l'Église, de 160 à 245 de J.-C.

Théocrite (de Syracuse). — Père de la poésie pastorale.

Tite-Live (de Padoue). — Historien latin, auteur

De J.-C.

d'une Histoire Romaine, né l'an 59, mort l'an 18 avant J.-C.

Tribonien. — Jurisconsulte grec sous Justinien Ier, mort 547.

Tancrède (de Sicile). — Illustre chef de la 2me Croisade, vécut de 1078 à 1112.

Thomas (d'Aquin Saint). — Dit le docteur angélique, né en 1287, mort le 7 mai 1274.

Tamerlan. — Le boîteux, célèbre conquérant, né en 1336, fut le héros de son siècle, et laissa trente-six fils.

Talbot. — L'Achille de l'Angleterre, né en 1375, mort au siége de Castille, en 1453.

Torricelli. — Inventeur du microscope et du baromètre, trouva la pesanteur de l'air, né le 15 octobre 1608, mort en 1647.

Turenne. — Vicomte, né à Sédan, le 16 septembre 1611, illustre général, la gloire militaire du siècle de Louis XIV, tué par un boulet à Walzback, le 27 juillet 1676.

Tourville. — Célèbre marin sous Louis XIV, né en Basse-Normandie, en 1642, mort le 18 mai 1701, les matelots le nommaient leur père.

Talon. — Éloquent avocat-général au Parlement de Paris, né en 1595, mort en 1652.

Thompson. — Poëte et tragédien anglais, né en Écosse, le 11 septembre 1700, mort le 20 août 1748.

Turgot. — Grand littérateur philosophe, encyclopédiste, adversaire de Neker, né à Sédan, le 16 septembre 1611, mort le 8 mars 1781.

DE J.-C.

Talma. — Célèbre tragédien français, né à Paris, en 1763, mort le 19 octobre 1826, auteur des Réflexions sur l'art du comédien.

Tallien. — A Bléré (Indre-et-Loire), cocher chez M. de Bercy; à Paris, commis, puis député de Seine-et-Oise, vote la mort du roi; à Bordeaux, représentant du peuple, retourne à Paris, y fait juger Robespierre, Carrier et Joseph Lebon; Tallien, né à Paris en 1769, y meurt en 1820.

V

Voltaire. — Illustre écrivain du siècle de Louis XIV, eut un esprit excessivement dangereux, pouvant prouver tour à tour le faux et le vrai d'une chose avec la même évidence et la même facilité, mort le 30 mai 1778, à 84 ans.

Vandick. — Peintre flamand, élève de Rubens, né à Anvers, en 1599, mort en 1681.

Varron. — Savant auteur latin du deuxième siècle avant J.-C.

Virgile (de Mantoue). — Le prince des poètes, auteur des Georgiques, de l'Enéïde, etc., etc., né l'an 70, mort en Calabre, 19 ans avant J.-C.

Vasco de Gama. — Célèbre navigateur portugais du quinzième siècle avant J.-C.

Voiture. — Illustre esprit français, né à Amiens en 1598, mort en 1648.

Vauban. — Célèbre peintre, né à Avignon en 1714, mort en 1789.

DE J. C.

Villhardouin. — Chroniqueur, grand guerrier, auteur d'une histoire de la conquête de Constantinople, né en 1167, mort en 1213.

Volta. — Physicien, né à Côme (Italie) en 1745, mort le 6 mars 1026, inventeur de la pile voltaïque.

Villemain. — Auteur, né à Paris le 11 juin 1791, aujourd'hui ministre pour la deuxième fois.

Vignolle. — Fameux architecte, dressa le plan de l'Escurial, né à Vignola en 1507, mort en 1573.

Vassal. (de). — famille originaire du Querci, illustre dans les armes, la magistrature et l'église, depuis le neuvième siècle. Un fait extraordinaire se rattache à cette famille, dans une seule génération, elle fournit quatre-vingts officiers à l'Etat, portant le même nom et servant tous à la fois et dans le même corps d'armée, depuis le grade de cadet gentilhomme à celui de lieutenant-général. (*Armée d'Italie*, 1735).

Villard (de). — Célèbre général sous Louis XIV, sauva la France à Denain le 25 juillet, en 1712.

Vaissette (dom de). — Célèbre écrivain bénédictin, né à Caillac (Tarn) en 1685, mort à Saint-Maur, en 1756.

Voisin (la). — Célèbre trafiquante de poison, brûlée vive en 1680.

Visconti. — Famille Italienne, qui de 1300 à 1450 gouverna Milan.

Veronèse. — Le tableau des noces de Cana est le chef d'œuvre de cet habile peintre, né à Vérone en 1528, mort en 1588.

De J.-C.

Vestris. — Père et fils, de Florence, célèbres danseurs, le premier mort en 1808, le deuxième en 1842, il avait quitté le théâtre depuis 1818.

W.

Walstéon. — Célèbre général des impériaux, fameux guerrier, né en Bohême en 1583, mort assasiné en 1665.

Washington. — Fondateur de la république des Etats-Unis, né à Bridge-Crech, le 22 février 1732, mort le 14 décembre 1796.

Wapole. — Ministre anglais, né à Hougton en 1676, mort en 1745.

X.

Xenophon (de Corinthe). — Général, philosophe et historien grec, né en 355.

Ximenès. — Illustre homme d'Etat Espagnol, né en Castille en 1437, meurt en 1517, à la nouvelle de sa disgrâce. (Charles-Quint oubliant qu'il lui devait le trône d'Espagne, le renvoya dans son diocèse).

Z.

Zénon (d'Ellée). — Philosophe, père de la dialectique, né en 504.

De J.-C.

Zénobie. — Reine de Palingre (Asie), qui avait eu toujours la victoire enchaînée à son char, fut vaincue par l'empereur Aurélien en 273 de J.-C. Cette fameuse conquérante, aussi sage que politique, était la plus instruite des princesses de son temps ; elle finit ses jours à Rome, entourée de l'estime et de l'amitié des Romains.

FIN.

De J.-C.

Zénobie. — *Reine de Palmyre (Asie)*, qui avait eu toujours la victoire enchaînée à son char, fut vaincue par l'empereur Aurélien en 273 de J.-C. Cette fameuse conquérante, aussi sage que politique, était la plus instruite des princesses de son temps; elle finit ses jours à Rome, entourée de l'estime et de l'amitié des Romains.

FIN.

TABLE DES MATIÈRES

CONTENUES DANS CE VOLUME.

Deuxième Partie.

Histoire particulière de chaque puissance actuelle du globe.

Autres États.
Territoire asiatique possédé par les puissances Européennes.
Un mot sur l'Afrique. — Maroc, autres États et leurs populations.
Un mot sur l'Amérique. — États-Unis. — Mexique. — Guatimala. —
    Brésil. — Pérou. — Colombie. — Buénos-Ayres, Chili, etc.
Iles américaines possédées par les puissances européennes.

Troisième partie.

Célébrités de tous les genres, de tous les temps, et de tous les lieux,
classés par ordre de lettres alphabétiques.

ERRATA.

Page 56, ligne 3, *au lieu de* douze mille, *lisez*, douze cents:

Page 66, ligne 25, *au lieu de* Grégoire III, *lisez*, Grégoire VII.

Page 40, ligne 4, *au lieu de* 1274, *lisez*, 1294.

Page 57, ligne 8, *au lieu de* votés par l'armement, *lisez*, votés pour l'armement.

Page 77, ligne 13, *au lieu de* donne pape, *lisez*, donne au pape.

Page 78, ligne 16, *au lieu de* revient en Angleterre, *lisez*, revient d'Angleterre.

Page 80, ligne 24, *au lieu de* pramagtique sanction abolie, *lisez*, pragmatique sanction; abolit guerres privées.

Page 81, ligne 7, *au lieu de* ses os de son père, *lisez*, les os de son père.

Entre 94 et 95, tableau de l'ère républicaine, ligne 4, *au lieu de* puis viennent pour, *lisez*, puis vinrent pour.

Au bas, *au lieu de* partis que l'on nomme décadés, *lisez*, de parties que l'on nomma décades.

Page 130, ligne 23, *au lieu de* Hostein. — Goettorp, du 5, *lisez*, de Hostein Goettorp du 5.

Page 137, Prusse, ligne 15, *au lieu de* investit le duc régnant de Prusse, *lisez*, investit duc régnant de Prusse, Jean Sigismond.

Page 189, ligne 1, *au lieu de* reine de Palingre, *lisez*, reine de Palmyre.

FIN DE L'HISTOIRE UNIVERSELLE.

PREMIERS ABONNÉS

A MON HISTOIRE UNIVERSELLE.

AUBERY (marquis d'), château de la Fontaine, près Dangé (Vienne).

AMIET, curé de Châteauneuf (Vienne).

ALBERT, piqueur des ponts et chaussées (chemin de fer), du Port-de-Piles (Vienne).

ADAS, commis de roulage à Châtellerault.

DE BESSON, ingénieur au corps royal des ponts et chaussées, à Châtellerault.

BORDESSOLES (Mme), propriétaire à Châtellerault.

BESSONNET, curé de Saint Jean à Châtellerault.

BEAUCHÊNE, avocat à Châtellerault.

BROSKA, officier polonais, conducteur des ponts et chaussées, Châtellerault.

BABINET, receveur d'enregistrement.

BOISNARD, rentier à Châtellerault.

BORDESSOLLES (Alexandre), imprimeur à Loches (Indre-et-Loire).

BEAUPOIL, avocat à Châtellerault.

BLANCHARD, fils, négociant à Châtellerault.

BORDESSOLLES (Ismaël), fermier des octrois de Loches (Indre-et-Loire).

BOUILLÉ, artiste aux Ormes, (Vienne).

BERJONNEAU, conseiller municipal à Dangé (Vienne).

BLANCHET (Joseph), entrepreneur, de Bléré (Indre-et-Loire).

BORDESSOLLES, fabriquant à Châtellerault.

BARBIER, médecin à Saint-Romain (Vienne).

BORY, architecte constructeur, de Bléré.

BOUGARD (Victor), écrivain lithographe, à Dangé (Vienne).

CLERET, receveur d'enregistrement à Châtellerault, 2 exemplaires.

CASSIN (baron, Amédée de), en son Château de Piolant, près Dangé (Vienne).

198

Champigny , notaire à Châtellerault.

Condé (Mme de) , propriétaire à Châtellerault.

Carron, employé de la manufacture royale d'armes, à Châtellerault.

Chartry , employé d'enregistrement à Châtellerault.

Chaigneau , négociant à Châtellerault.

Cador , employé des ponts et chaussées (chemin de fer) de Chemillé (Indre-et-Loire).

Desnoyers, croizette ingénieur au corps royal des ponts et chaussées (chemin de fer) de Blois.

Dupont , ancien notaire à Châtellerault.

Delaveau (Eugène de Tréfort de Lamasardière) , propriétaire à Châtellerault.

Dufaure (Mme de Jarte) , rue Lalanne , 63 , à Bordeaux.

Delétang , membre du conseil général de la Vienne, à Buxseuil, près Lahaye Descartes (Indre-et-Loire).

Dubreuil, avocat, ancien juge de paix, rue de la Tranchée, 99, à Poitiers.

Drouin , notaire à Dangé (Vienne).

Drouin , juge de paix au Grand-Pressigny (Indre-et-Loire).

Drouault , à la Bodinière, conseiller d'arrondissement à Dangé (Vienne).

Dutilleux , employé des ponts et chaussées (chemins de fer) aux Ormes (Vienne).

Duveau , (Mme) négociant à Châtellerault.

Deokcue (Mme) maîtresse de pension à Châtellerault.

Desouche (Lucien)(conducteur des travaux du chemin de fer de Bléré (Indre-et-Loire).

Desouche (Adolphe) , conducteur des travaux du chemin de fer de Bléré (Indre-et-Loire).

Douazan , négociant à Châtellerault.

Evrard, officier d'artillerie, garde magasin à la manufacture royale d'armes à Châtellerault.

Fradin , avocat à Châtellerault.

Gasan , lieutenant-colonel d'artillerie, directeur de la manufacture royale d'armes , à Châtellerault, 2 exemplaires.

Gauché , conducteur des ponts et chaussées (chemin de fer), de Corbigny (Nièvre).

GARLANDA Justin, employé des ponts et chaussées (chemin de fer),
gnac (Charente).

GOURON, rentier aux Ormes (Vienne).

GAUTHIER, greffier du tribunal civil de Loches.

GAUTHIER. employé des ponts et chaussées (chemin de fer), de Lou-
dun (Vienne).

GRELAULT, employé des ponts et chaussées, de Châtellerault.

GALTIER, de Plumartin (Vienne).

HIPPOLYTE (la sœur), supérieure des dames de l'Adoration à Châtellerault.

HERAULT-CREUZÉ, propriétaire à Saint-Romain (Vienne).

HENRY, lithographe à Châtellerault.

HESS, négociant à Poitiers.

KIWINTA, officier polonais, conducteur des ponts et chaussées
(chemin de fer), aux Ormes (Vienne).

LABOIRE (comte de), en sa terre de Vallette, près Châtellerault.

LEROUX, rentier, rue de Berry. à Châtellerault.

LAFFORE-GAY, commandant retraité à Châtellerault.

LEPELLETIER-DUFOUR, maison de roulage à Châtellerault.

LAMOISIÈRE, en sa terre de Brassioux (Vienne).

LABBÉ, frères, employés des ponts et chaussées (chemin de fer), à
Tours.

LESNIOSWOLSKI, officier polonais, conducteur des ponts et chaussées,
à Châtellerault.

LARONDE, préposé à la bascule royale, de Châtellerault.

MASCAREL (Jules), docteur-médecin à Châtellerault.

MARONNEAU, étude de Me Champigny, à Châtellerault.

MANGIN, président du tribunal civil de Châtellerault.

GRANGÉ, professeur de l'École Normale, de Poitiers.

MARQUET (Lucien), maire du canton de Dangé (Vienne).

MAIGNE, propriétaire à Périgueux (Dordogne).

LA MORIÈRE, fils, baron, en son château du Verger, près Châtellerault.

MÉRAULT Paul-Émile, avoué à Châtellerault.

NAVARRE, conducteur des ponts et chaussées (chemin de fer),
d'Auch (Gers).

NIVERT, professeur au collége de Niort.

Otkiwicht, officier polonais, professeur au collége de Châtellerault.

Proa, maire et député de Châtellerault.

Papillault, principal du collége de Châtellerault.

Perçelier (Mᵐᵉ), bijoutier à Châtellerault.

Pingeot, employé des ponts et chaussées (chemin de fer), de Dangé
(Vienne).

Priot, filateur à Loches (Indre-et-Loire).

Porcher, naturaliste à Tours.

Quine, contrôleur à la manufacture royale d'armes, de Châtellerault.

Rivière, receveur particulier à Civray (Vienne).

Roy, employé des ponts et chaussées (chemin de fer), de Tours.

Sicaut, commis-greffier du tribunal civil de Châtellerault.

Thiodière, percepteur du canton de Dangé (Vienne).

Turquand (Eugène), secrétaire à la sous-préfecture de Châtellerault.

Thibault, étude de Mᵉ Champigny, à Châtellerault.

Trevet, agent-voyer à Châtellerault.

Tapoireau, rentier à Châtellerault.

Vausselle (comtesse de), au château de Laroche-Amenon, près
Lahaye.

Villards (de), capitaine d'artillerie à la manufacture royale d'armes, de Saint-Étienne (Haute-Loire).

Varigault, à Tours.

Vivenot, vétérinaire au Port-de-Pile (Vienne).

Le Supérieur de la Grande-Maison, à Poitiers.

Versay (comtesse de), en son château (Vienne).

Bresse, supérieur des dames de l'Adoration, à Châtellerault.

Tourette (de la), docteur-médecin, près Poitiers.

(*) Lorsque le deuxième cent sera complet, je ferai passer à tous
mes abonnés la suite et fin de leur nomenclature.

Tours, imp. de Lecesne.